DIE
WELT
AUF
DEINEM
LöFFEL

FUTTER KUTTER

SUPPEN
EINTÖPFE
CURRYS
SALATE

DIE WELT AUF DEINEM LÖFFEL

Martin Schümberg & Georg Waldmüller

TARGET GROUP

Europa

Asien

Vorspeise

Salat

Suppe

Eintopf

Curry

Dessert

Ø vegetarisch   ØØ vegan

FUTTERKUTTER –
EINE KULINARISCHE
REISE AM RAD

Wie so oft beginnt auch diese Geschichte am Tresen einer Bar. Martin Schümberg ist für ein großes Musikevent auf der Suche nach einem DJ, als er auf Georg Waldmüller trifft. Bei einem Glas Wein wird schnell klar, dass die beiden weit mehr verbindet als ihre Liebe zur Musik. Martin träumt von einem kleinen französischen Bistro, in dem er sein Hobby, das Kochen, zum Beruf machen kann. Dort soll aus dem Topf und vom Blech serviert werden. Er sieht Menschen vor sich, die mittags Suppe, Quiche und Tarte essen und dann gemütlich bei einem Glas Wein sitzen bleiben. Mit einem ähnlichen Gedanken spielt Georg, der eine Bar aufmachen möchte.

So schnell sie sich einig werden, ihren Traum vom eigenen Restaurant gemeinsam zu verwirklichen, so mühsam gestaltet sich der Weg dorthin. Als endlich der passende Laden gefunden ist, platzt der Vertrag in allerletzter Sekunde. Für die angehenden Gastronomen gibt es zu dem Zeitpunkt bereits keinen Weg mehr zurück. Der alte Job ist gekündigt, ihre Leidenschaft geweckt und der Wille ungebrochen. Und so wird das Bistro kurzerhand auf die Straße verlegt. Aus „Aus dem Topf und vom Blech" wird „Aus dem Topf", und die Reise des Futterkutter-Rads beginnt.

Seitdem kochen die beiden Autodidakten mit Leidenschaft. In der Innsbrucker Altstadt servieren sie täglich regionale und internationale Küche mit ihrem eigenen Futterkutter-Twist. Sie tischen das auf, was ihnen Spaß macht, was ihnen schmeckt und was sie von ihren zahlreichen Reisen und Kochkursen in fernen Ländern mitgenommen haben. Mit möglichst regionalen Zutaten allerdings. Da kommt eine französische Fischsuppe dann schon mal mit Süßwasserfischen und Alpengarnelen aus Hall in Tirol auf den Tisch, und das Chili wird mit Schwarzbier aus dem Zillertal gekocht.

Neben den kurzen Wegen der Zutaten liegt es den beiden Jungköchen von Anfang an besonders am Herzen, möglichst wenig Müll zu produzieren. Das Mittagessen zum Mitnehmen sollte auf jeden Fall umweltfreundlich sein. „Gefunden haben wir ein Pfandglas, in das alle unsere Gerichte abgefüllt werden. Inzwischen ist das Futterkutter-Glas zu unserem Markenzeichen geworden und inspiriert hoffentlich auch viele andere Gastronomiebetriebe", so Georg.

An das Glas zum Mitnehmen mussten sich die Menschen erst gewöhnen. Und auch die Sache mit den Suppen war ihnen zuerst nicht ganz geheuer. Kann man von so etwas überhaupt satt werden? Heute wissen sie: Die Futterkutter-Gerichte aus dem Topf sind ein vollwertiges Mittagessen und noch dazu abwechslungsreich. Die breite Speisekarte von italienischer Lasagne bis hin zum indischen Butter Chicken hat inzwischen auch größere Skeptiker überzeugt.

Martin und Georg sind nicht nur Köche, sondern Gastgeber aus Leidenschaft und stehen seit Tag eins des Futterkutters so oft wie möglich selbst am Stand. Sie wollen nah bei ihren Gästen sein, von denen viele schon fast Freunde geworden sind, und sich mit ihnen und ihrem Feedback weiterentwickeln. „Einmal hat sich ein Gast Schweinsbraten gewünscht. Den haben wir ihm dann mit Krautsalat und Knödel im Futterkutter-Glas serviert", lacht Martin. Beim Plaudern kommen eben die Leute zusammen.

Teil der Futterkutter-Familie sind nicht nur die Gäste, sondern auch das Team. Längst stehen Georg und Martin nicht mehr alleine in der Küche. Hierarchien sucht man trotzdem vergeblich. Es wird gemeinsam gekocht, geflucht und gelacht. Georg, der Tiroler, und Martin, der Berliner, lieben das Essen und tüfteln zusammen an neuen Rezepten. Nur wenn's um die deutsche Sprache geht, gibt's immer wieder liebevolle Auseinandersetzungen. Heißt es Marillen oder Aprikosen, das oder der Joghurt, und sagt man Heidel- oder doch besser Moosbeeren?

Im Kutterleben wird es auch sonst nicht langweilig. Immer wieder kommen neue Variablen dazu, die das ganze Spiel verändern. Mittlerweile radelt schon ein zweiter Futterkutter durch die Innsbrucker Innenstadt. Wieder mit je einem vegetarischen, einem veganen und einem Fleischgericht im Gepäck. Dazu gibt's ein Lieferservice, Caterings für Veranstaltungen aller Art und eigene Kochkurse in der Futterkutter-Küche. Ganz spezielle Gerichte, wie etwa vietnamesische Baos oder Tacos, werden bei Food-Pop-ups serviert.

Die Lust der beiden Köche darauf, immer wieder neue Gerichte auszuprobieren, ist derweilen ungebrochen. Auf ihrer steten Suche nach außergewöhnlichen Rezepten lassen sich Georg Waldmüller und Martin Schümberg immer noch aufs Neue inspirieren. Diese Begeisterung zeigt sich in der Futterkutter-Speisekarte, die inzwischen mehr als 200 unterschiedliche Gerichte aus aller Welt gesehen hat. Das Beste daraus, Klassiker und Lieblingsgerichte, die sie gerne zu Hause kochen oder schon bald am Stand anbieten werden, haben sie hier zusammengetragen und bringen so die weite Welt des Futterkutters zu dir nach Hause.

FUTTERKU

KOCHEN WIE IN DER KUTTERKÜCHE

Bevor du dich auf deine persönliche kulinarische Weltreise begibst, haben wir hier noch ein paar hilfreiche Tipps und Tricks für dich:

✗ Wenn nicht anders angegeben, sind die Gerichte für vier Personen als Hauptspeise gedacht. Unsere Vorspeisen haben wir für dich im Inhaltsverzeichnis zusammengefasst.

✗ Bei uns in der Küche bereiten wir frühmorgens das Mise en Place vor: Es wird gewaschen, geputzt, geschnitten und gehackt, was das Zeug hält. Erst wenn alle Zutaten in die nötige Form gebracht sind, fangen wir mit dem eigentlichen Kochen an. Und so soll es auch hier im Kochbuch sein: Deshalb wird in unseren Rezepten zuerst vorbereitet und erst im zweiten Schritt geht es an die Zubereitung der Gerichte.

✗ Alle Maßangaben gelten für Gemüse, das geputzt, gewaschen, geschält und vom Strunk oder den Kernen befreit ist. Also zuerst schnippeln, dann abmessen.

✗ Zwiebeln glasig anzudünsten bedeutet, dass sie keine Farbe annehmen dürfen, sondern nur weich gekocht werden. Das geschieht bei geringer Hitze. Im Gegensatz dazu steht das Anbraten, bei dem die Zwiebeln bei höherer Temperatur braun werden dürfen.

✗ In einigen Rezepten sind mehlige Kartoffeln angegeben. Da müssen auch zwingend mehlige verwendet werden. Steht nur „Kartoffeln" kommen festkochende in den Topf.

✗ Der Backofen wird immer auf Ober-/Unterhitze vorgeheizt. Außer bei unserem Futterkutter-Baguette, da ist Umluft gefragt.

Jetzt kann's losgehen. Wir wünschen eine aufregende Weltreise voll überraschender Geschmacksmomente und gutes Gelingen!

Deine Kutterkapitäne

Georg und Martin

FUTTERKUTTERS GEWÜRZREGAL

Wenn wir kochen, duftet die Küche nach Kindheitserinnerungen und fernen Ländern, nach Petersilie und Minze, nach Kreuzkümmel und Kurkuma. Unsere Rezepte leben von ihren Gewürzen. Deshalb sollten diese auch genau so verwendet werden wie von uns angegeben. Nur so kann sich der volle Charakter einer Speise entfalten und du erfährst, wie sie tatsächlich schmeckt. Hast du ein Rezept erst in seiner ursprünglichen, von uns erdachten Form kennengelernt, verändere es bitte gerne nach deinen eigenen Wünschen. Das passiert bei uns in der Küche ständig. Im Laufe der Jahre haben wir vieles immer wieder behutsam angepasst und nachjustiert. Nicht wenige Gerichte am Futterkutter-Stand schmecken deshalb heute ganz anders als noch zu unseren Anfangszeiten.

Wer mit uns kocht, taucht automatisch in die Welt der Gewürze ein. Das bedeutet zuallererst, nicht zaghaft zu sein. Trau dich, dein Essen kräftig abzuschmecken. Hab Mut zum Würzen, Mut zum Salzen, Mut dazu, die angegebenen Kräuter einzusetzen. Nichts ist schlimmer als Essen, das zu flach schmeckt. Der Charakter eines Gerichts wird oft schon im ersten Kochschritt definiert, wenn die Gewürze angeröstet werden, um ihr volles Aroma zu entfalten. Das geschieht immer behutsam und nicht zu lange. So verhinderst du, dass sie verbrennen und das ganze Geschmackserlebnis ruinieren.

Die meisten Gewürze gibt es in der Futterkutter-Küche sowohl im Ganzen als auch in gemahlener Form. Das hat einen einfachen Grund: Bei den großen Mengen und unterschiedlichen Gerichten, die wir zubereiten, ist es uns schlicht nicht möglich, sie täglich frisch zu mahlen. Hätten wir die Kapazitäten dazu, würden wir unsere Gewürze nur im Ganzen kaufen. Und das empfehlen wir auch für die private Küche. Sie halten länger, rauchen nicht so schnell aus und man kann manche vor ihrer Verwendung anrösten, um das Aroma zu intensivieren. Ist dir das trotzdem zu mühsam, kauf deine Gewürze in kleinen Einheiten, die du zügig verbrauchen kannst. Auch Pfeffer kommt bei uns übrigens nur frisch gemahlen in den Topf und auf den Teller. Einige unserer frischen Zutaten lassen sich praktischerweise ohne Qualitätsverlust einfrieren. Dazu gehören zum Beispiel Zitronengras, Galgant und Chilischoten, die man immer in unserem Futterkutter-Tiefkühlschrank findet.

Wir haben „Die Welt auf deinem Löffel" in verschiedene Regionen und Länder unterteilt. So kannst du dich leichter auf einen Teil der Erde konzentrieren und daraus gleich mehrere Gerichte hintereinander kochen, um dich an den Umgang mit den jeweils typischen Gewürzen zu gewöhnen. Vielleicht entdeckst du in unseren Rezepten sogar das ein oder andere Gewürz, von dem du bislang noch nichts gehört hast, und begibst dich mit ihm auf eine neue kulinarische Reise.

DEUTSCHLAND

FRANKREICH

ITALIEN

ÖSTERREICH

ENGLAND

UKRAINE

EUROPA

KARTOFFEL-SELLERIE-SUPPE ✏

mit Thymian und Trüffelöl

Aller Anfang ist schwer, vor allem, wenn man als Streetfoodköche eine Kartoffel-Sellerie-Suppe mit Trüffelöl auf der Straße servieren will. Hat etwas gebraucht, bis unsere Gäste das so akzeptieren konnten, aber inzwischen darf dieses Gericht auf unserer Karte bleiben.

700 g Kartoffeln, mehlig
200 g Knollensellerie
1 Zwiebel
2 EL Butter
2 EL Olivenöl
100 ml Sahne
100 ml Crème Fraîche
1 l Gemüsebrühe
10 g Thymian, frisch
1 EL Trüffelöl
Pfeffer, frisch gemahlen
Salz

5 g Petersilie, frisch
1 Zitrone
1 EL bestes Olivenöl
einige Tropfen Trüffelöl

Die Zwiebeln schälen und fein würfeln. Die Kartoffeln und den Sellerie schälen und in grobe Stücke schneiden. Den Thymian zupfen und fein hacken. Die Petersilie zerkleinern und die Zitrone auspressen.

In einem ausreichend großen Topf die Butter und das Olivenöl erhitzen. Die Zwiebelstücke darin etwa fünf Minuten anschwitzen. Den Thymian zusammen mit dem Sellerie und den Kartoffeln in den Topf geben und mit der Brühe aufgießen. Zum Kochen bringen und etwa 40 Minuten köcheln lassen, bis das Gemüse weich ist.

Die Sahne und Crème Fraîche einrühren und cremig pürieren. Die Suppe wieder erhitzen und, sollte sie zu dickflüssig sein, mit etwas Brühe und Sahne verdünnen. Das Trüffelöl hinzufügen, gut verrühren und mit Salz und Pfeffer kräftig abschmecken.

Die gehackte Petersilie mit dem Zitronensaft und dem Olivenöl vermengen. Die Suppe in Tellern anrichten und mit der Petersilienmischung und ein paar Tropfen Trüffelöl beträufeln.

GEEISTE MELONENSUPPE

mit Süßwassergarnelen und Basilikum

Sommer, Sonne, Kaktus ... hier nicht mit Kaktus, sondern mit einer herrlich-süßen Melone. Bei uns auch ein Hit, nicht am Stand, sondern zu Hause. Und jetzt für euch als Vorspeise für laue Sommerabende mit Freunden.

2 reife Cantaloupemelonen,
   orangefleischig
200 g Joghurt, 10 % Fett
1 Zitrone
2 EL brauner Zucker
1 EL weißer Zucker
250 ml weißer Portwein
40 g Basilikum, frisch
1 Thai-Chilischote, frisch (Bird Eye)
weißer Pfeffer, frisch gemahlen
Salz

12 Süßwassergarnelen
   oder große Scampi
1 EL bestes Olivenöl
20 g Basilikum, frisch
Salz

Die Melonen halbieren, entkernen und in zwei Zentimeter große Stücke schneiden. Das Fruchtfleisch mit dem braunen Zucker vermengen. Das gesamte Basilikum waschen, mitsamt den Stielen grob hacken und mengenmäßig aufteilen. Die Zitrone auspressen. Die Chilischote längs halbieren, mit dem Messerrücken entkernen und fein hacken. Mit einer Schere den Rücken der Garnelen aufschneiden. Panzer, Kopf und den Darm mit den Fingern entfernen.

Den weißen Zucker in einem Topf oder einer Pfanne karamellisieren. Mit 200 Milliliter Portwein ablöschen, das Basilikum hinzufügen und aufkochen. Vom Herd nehmen und rund fünf Minuten ziehen lassen. Den entstandenen Fond durch ein feines Sieb passieren und dabei das Basilikum entfernen. Die gewürfelten Melonenstücke samt Fruchtsaft und dem abgekühlten Basilikumfond fein mixen und mit Zitronensaft, weißem Pfeffer und der fein gehackten Chilischote abschmecken. Rund eine Stunde im Gefrierschrank kalt werden lassen.

In der Zwischenzeit die Garnelen zusammen mit dem Basilikum, dem Olivenöl und etwas Salz für ebenfalls eine gute Stunde marinieren.

Die eisgekühlte Melonensuppe aus dem Gefrierschrank nehmen, das Joghurt unterrühren, behutsam salzen und mit dem restlichen Portwein abschmecken. Für weitere 15 Minuten in den Gefrierschrank zurückstellen.

Eine Pfanne erhitzen und die Garnelen samt dem Öl und dem Basilikum darin von beiden Seiten anbraten. Die Melonensuppe aus dem Gefrierschrank nehmen, umrühren und in kleinere Schüsseln füllen. Mit den Garnelen garnieren und sofort servieren.

MAMAS BLAUKRAUTCAPPUCCINO ⌀

mit Apfel-Kartoffel-Schaum und Kastanienpulver

Klarerweise müssen auch zwei nicht gelernte Köche ihre Leidenschaft irgendwo herhaben, in Georgs Fall hat er seiner Mama schon immer gern beim Kochen zugeschaut, gekostet und auch geholfen (kochen, nicht abspülen). Dabei ließ er dieses schicke Vorspeisenrezept mitgehen, das er nun mit euch teilt.

Espumaflasche

Suppe
600 g Blaukraut
200 g Rote Bete, gekocht
100 g Apfel, sauer-fruchtig
50 g Butter
30 g brauner Zucker
400 ml Gemüsebrühe
360 ml naturtrüber Apfelsaft
300 ml Sahne
1 Msp. Nelken, gemahlen
1 Msp. Zimt, gemahlen
1 TL Kren, gerieben
Salz

Schaum
200 g Kartoffeln, mehlig
200 g Apfel, sauer-fruchtig
20 g Butter
100 ml Milch
100 ml Kartoffelwasser
50 ml Sahne
Muskatnuss
Salz

Kastanienpulver
80 g Kastanien / Maronen,
   vorgekocht

Für den Schaum die Kartoffeln und den entkernten Apfel schälen und klein würfeln. Für die Suppe das Blaukraut vom Strunk befreien und klein schneiden. Den Apfel entkernen und zusammen mit der Roten Bete in kleine Würfel schneiden.

Für das Kastanienpulver die Kastanien klein hacken, auf ein Backblech mit Backpapier legen und bei 120 Grad rund 30 Minuten im Backofen trocknen, bis die Kastanienstückchen hart sind. Kurz abkühlen lassen und dann in einem Mörser zu Pulver verarbeiten.

Für den Schaum die Kartoffel- und Apfelwürfel in Salzwasser weich kochen und abseihen. Rund 100 Milliliter des Kochwassers auffangen. Die Butter in einer kleinen Pfanne erhitzen und braun werden lassen. Die Kartoffel- und Apfelstückchen mit der Milch, Sahne, 50 Milliliter des Kochwassers und der braunen Butter zu einer glatten Masse pürieren und mit Salz und einer Prise Muskatnuss abschmecken. Sollte die Masse zu dick sein, mit Kochwasser verdünnen. Durch ein sehr feines Sieb passieren, um alle groben Stücke aus der Masse zu filtern. Die Kartoffel-Apfel-Sahne-Mischung anschließend in eine Espumaflasche füllen, zweimal mit einer Patrone aufladen und gut schütteln. Die Flasche bis zum Servieren im Wasserbad warm halten.

Für die Suppe etwas Butter in einem Topf erhitzen. Das Blaukraut und die Apfelwürfel hinzufügen und langsam bei geschlossenem Deckel rund 30 Minuten andünsten. Ist das Gemüse weich gekocht, den Apfelsaft, die Rote Bete, den braunen Zucker, eine Prise Salz, die Gemüsebrühe, das Nelkenpulver und den Zimt dazugeben und abermals 20 Minuten köcheln lassen.

Die Sahne und den Kren unterrühren und die Suppe anschließend pürieren. Mit Salz, braunem Zucker und Zimt abschmecken. Die Espumaflasche aus dem Wasserbad nehmen und nochmals gut aufschütteln. Die Suppe mit einem Apfel-Kartoffel-Schaumhäubchen und einer guten Prise Kastanienpulver servieren.

ERDBEER-SPARGEL-COUSCOUS-SALAT 🌿

mit Schafskäse und Pinienkernen

Dieser Salat sieht unsere Speisekarte wahrscheinlich am wenigsten oft. Es gibt ihn am Futterkutter höchstens dreimal im Jahr. Denn das Zeitfenster, an dem sich guter Spargel und gute Erdbeeren in der Saison treffen, ist relativ klein, dann aber umso köstlicher.

Salat
800 g grüner Spargel
500 g Erdbeeren
150 g Couscous
15 g Butter
4 Frühlingszwiebeln
20 g Basilikum, frisch

Dressing
3 EL weißer Balsamico
1 Orange
2 EL bestes Olivenöl
1 TL Blütenhonig, flüssig
1 TL Dijonsenf
Pfeffer, frisch gemahlen
Salz

150 g Schafkäse
100 g Rucola
40 g Pinienkerne

Den Spargel waschen, die holzigen Enden abschneiden, das untere Drittel der Stangen nach Bedarf schälen und in einen Zentimeter lange, schräge Stücke schneiden. Die Frühlingszwiebeln von der äußeren Haut befreien, waschen und in dünne, schräge Scheiben schneiden. Das Basilikum und den Rucola waschen. Die Basilikumblätter von den Stielen zupfen und in dünne Streifen schneiden, den Rucola grob hacken. Die Erdbeeren waschen, vom Stielansatz befreien und in grobe Stücke teilen. Den Schafkäse mit den Händen zerbröseln. Die Orange auspressen.

Für den Couscous 150 Milliliter leicht gesalzenes Wasser zum Kochen bringen, von der Herdplatte nehmen, den Couscous und die Butter unterrühren und abkühlen lassen.

In der Zwischenzeit den Spargel in kochendem Salzwasser für rund vier Minuten bissfest garen. Sofort mit kaltem Wasser abschrecken und abtropfen lassen. Die Pinienkerne in einer beschichteten Pfanne ohne Öl von allen Seiten anrösten.

Für das Dressing drei Esslöffel Orangensaft, den Essig, Honig, Senf und das Olivenöl verrühren und mit Salz und Pfeffer abschmecken.

In einer großen Schüssel den Couscous mit dem Spargel, den Erdbeeren, den Frühlingszwiebeln und dem Basilikum vorsichtig vermischen. Das Dressing untermengen und nochmals mit Salz und Pfeffer abschmecken. Mit Rucola, Schafkäse und den gerösteten Pinienkernen garnieren.

BERLINER KARTOFFELSUPPE

mit Wiener Würstchen und Liebstöckel

„Dit is so n Eentopp, wie ick ihn von zu Hause kenne – deftig, lekka und ne Wurscht dazu." Ein Stück Heimat für Martin, die wir anfangs genau so serviert haben, wie sie in Berlin gegessen wird: Suppe ins Glas und ein ganzes Würstchen reingesteckt. Hat einige Gäste durchaus irritiert, dass ihnen die Wurst beim Essen ins Gesicht starrte.

500 g Kartoffeln
150 g Knollensellerie
2 Karotten
2 Zwiebeln
1 Petersilienwurzel
½ Lauchstange
2 EL Butter
1 l Gemüsebrühe
1 TL Liebstöckel, getrocknet
  oder 1 frischer Zweig
1 TL Majoran, getrocknet
½ TL Kümmel
2 Pimentkörner
2 Lorbeerblätter
Pfeffer, frisch gemahlen
Salz

Wiener (Frankfurter) Würstchen
15 g Petersilie, frisch

Die Kartoffeln, den Sellerie, die Petersilienwurzel und die Zwiebeln schälen und grob würfeln. Die Karotten schälen und zusammen mit dem Lauch in Scheiben schneiden. Die Petersilie hacken.

Die Butter in einem Topf erhitzen, die Zwiebeln dazugeben und rund fünf Minuten lang schön glasig andünsten. Die geschnittenen Kartoffeln und das restliche Gemüse zufügen und unter häufigem Rühren weitere zehn Minuten anbraten. Den Kümmel, Majoran, Liebstöckel, Piment und die Lorbeerblätter einrühren, mit der Gemüsebrühe auffüllen und zugedeckt rund 40 Minuten bei niedriger Temperatur köcheln lassen.

Die Lorbeerblätter und den Piment entfernen, die Suppe mit einem Pürierstab grob pürieren und kräftig mit Salz und Pfeffer abschmecken. Die Würstchen je nach Belieben ganz lassen oder in Scheiben schneiden und dann in der Suppe heiß werden lassen. Die Berliner Kartoffelsuppe vor dem Servieren mit Petersilie bestreuen.

Tipp: Wer es besonders kräftig mag, gibt zu Beginn zu den Zwiebeln noch etwas Speck oder Schinken hinzu.

PARMESANSUPPE ✐

mit Rosmarin und Crème Fraîche

Wer an eine italienische Suppe denkt, dem kommt wahrscheinlich als Erstes Minestrone in all ihren Ausführungen durch den Gemüsegarten und die Jahreszeiten in den Sinn. Dabei hat Italien durchaus mehr zu bieten. Wie wär's zum Beispiel mit dieser würzig-cremigen Parmesansuppe? Als Vorspeise eine echte Gaumenfreude für jeden Käseliebhaber.

200 g Parmesan / Grana Padano
5 Eigelbe
200 ml Schlagsahne
75 g Crème Fraîche
1 l Gemüsebrühe
1–2 Knoblauchzehen
5 g Rosmarin, frisch
Muskatnuss
Salz

Pfeffer, frisch gemahlen
bestes Olivenöl

Den Käse von der Rinde befreien und fein hobeln. Dann den Knoblauch schälen.

Die Gemüsebrühe in einem Topf erhitzen. Die Sahne, Crème Fraîche, Eigelbe und den Parmesan in eine Schüssel geben, mit dem Schneebesen verrühren und mit Salz und einer Prise geriebener Muskatnuss würzen. Anschließend zwei Kellen der heißen Brühe langsam und unter ständigem Rühren zugießen. Die Parmesanmischung mit der übrigen Brühe im Topf vermengen, den Rosmarin und Knoblauch dazugeben und rund 30 Minuten bei geringer Hitze ziehen lassen.

Den Rosmarin und Knoblauch entfernen. Die Parmesansuppe mit einem Pürierstab kräftig durchmixen und wieder erhitzen, bis sie beginnt, dickflüssiger zu werden. In tiefen Tellern anrichten, mit Pfeffer bestreuen und Olivenöl beträufeln.

MARTINS BOUILLABAISSE

mit Bachsaibling und Süßwassergarnelen

Eine Reise nach dem Abitur brachte Martin mit seinen Eltern nach Frankreich, wo er seine erste richtige Bouillabaisse essen durfte. Leider können wir dieses Gericht nicht am Kutter anbieten, unsere regionale Interpretation mit Bachsaibling und Alpengarnelen gibt's dafür hier. Hol dir das Meer in die Berge.

Suppe

500 g Bachsaiblingsfilet
300 g Süßwassergarnelen
5 Fischkarkassen, am besten von
 Wolfsbarsch, Dorade, Lachs
 und Rotbarsch (Fischhändler)
400 g Kartoffeln
7 Tomaten
3 Karotten
1 Fenchelknolle
1 Lauchstange
3 EL Tomatenmark
4 große Schalotten
5 Knoblauchzehen
80 ml bestes Olivenöl
80 ml Noilly Prat
80 ml Weißwein
30 ml Pernot
30 g Rosmarin, frisch
30 g Thymian, frisch
5 Nelken
2 Lorbeerblätter
2 TL Piment d'Espelette
1–2 g Safranfäden,
 1 Prise davon für das Rouille
Pfeffer, frisch gemahlen
Salz

Eine Schalotte und eine Knoblauchzehe fein hacken. Die Filets vom Bachsaibling in rund fünf Zentimeter breite Stücke schneiden. Alles zusammen mit den Garnelen, einem halben Teelöffel Safran und der Hälfte des Piment d'Espelette in 50 Milliliter Olivenöl über Nacht im Kühlschrank marinieren.

Sämtliches Gemüse und die Schalotten waschen, vom Stielansatz befreien, schälen und klein schneiden. Die Fischkarkassen gründlich unter kaltem Wasser säubern. Für die Rouille den Knoblauch schälen und fein hacken.

In einem Topf 30 Milliliter Olivenöl erwärmen und darin die gewürfelten Schalotten und das Gemüse anbraten. Das Tomatenmark hinzugeben, gut verrühren und weitere drei Minuten mitanbraten. Mit dem Weißwein, Pernot und dem Noilly Prat ablöschen. Nun die Fischkarkassen, den Knoblauch, die Nelken, Lorbeerblätter, den Rosmarin und Thymian hinzugeben. Mit Salz, einem Teil des Safrans und einem Teelöffel Piment d'Espelette würzen. Mit Wasser bis zur Oberkante des Inhalts auffüllen, zum Kochen bringen und für rund 45 Minuten köcheln lassen.

In der Zwischenzeit kann die Rouille zubereitet werden. Hierfür das Eigelb zusammen mit dem Safran in eine Schüssel geben. Mit einer Gabel oder einem kleinen Schneebesen gut schlagen und peu à peu das Öl eingießen. Dabei so lange nicht aufhören zu rühren, bis die Masse cremig wird. Mit dem Knoblauch, Salz und Pfeffer abschmecken.

Die Suppe durch ein Sieb in einen zweiten Topf gießen. Die Fischkarkassen, Kräuter und Gewürze aus dem Sieb entfernen und den Gemüserest zurück in die Suppe geben. Mit einem Stabmixer oder in einer Küchenmaschine sehr gründlich pürieren und anschließend durch ein feines Sieb passieren. Die Bouillabaisse mit Salz, Pfeffer, Safran und Piment d'Espelette abschmecken.

Rouille

1 Eigelb

125 ml bestes, mildes Olivenöl

1 Knoblauchzehe

1 Prise Safran

Pfeffer, frisch gemahlen

Salz

1 Baguette

Den Backofen auf 180 Grad vorheizen, das Baguette in Scheiben schneiden und im Backofen kross backen. Die marinierten Fischfilets und Garnelen aus dem Kühlschrank nehmen, eine beschichtete Pfanne trocken erhitzen und die Filets mit der Hautseite nach unten rund zwei Minuten gut anbraten. Die Garnelen dazugeben und von jeder Seite eine Minute braten. Pfanne vom Herd nehmen, die Filets wenden und in der Restwärme eine weitere Minute ziehen lassen.

Die Bouillabaisse auf tiefe Suppenteller verteilen und die Fischfilets mit den Garnelen mittig darauf anrichten. Die kross gebackenen Baguettescheiben mit der Rouille bestreichen und zur Suppe servieren.

PETERSILIENWURZELSUPPE ✐

mit Granatapfelkernen und Walnüssen

Wir wissen, dass viele mit der Petersilienwurzel nichts anfangen können und sie höchstens als Teil von Suppengrün verwenden. Zu Unrecht, finden wir und kombinieren sie mit Honig, Sahne, Crème Fraîche und einem fruchtigen Granatapfel obendrauf.

500 g Petersilienwurzeln
100 g Kartoffeln, mehlig
125 g Schlagsahne
125 g Crème Fraîche
50 g Butter
1 l Gemüsebrühe
1 Zwiebel
10 g Thymian, frisch
1 EL Blütenhonig, flüssig
Pfeffer, frisch gemahlen
Salz

50 g Walnüsse
1 Granatapfel

Die Zwiebel schälen und würfeln. Die Petersilienwurzeln und Kartoffeln waschen, schälen und in zwei Zentimeter große Stücke schneiden. Den Thymian zupfen und die Blätter beiseitelegen. Den Granatapfel mit der flachen Hand fest auf ein Schneidbrett drücken und kräftig rollen. Vorsichtig aufschneiden und die Kerne auslösen. Die Walnüsse in einem Mörser grob zerkleinern.

Die Butter in einem Topf erhitzen, die Zwiebel dazugeben und bei mittlerer Hitze rund fünf Minuten lang anschwitzen. Die Petersilienwurzeln und Kartoffeln hinzufügen und für weitere zehn Minuten leicht köcheln lassen. Gerade so viel Brühe angießen, dass das Gemüse bedeckt ist. Mit etwas Salz sowie drei viertel des Thymians würzen. Alles zum Kochen bringen und zirka 30 Minuten lang sanft köcheln lassen, bis das Gemüse gar ist.

Die Sahne, Crème Fraîche und den Honig einrühren, die Suppe pürieren und mit Salz und Pfeffer abschmecken. Sollte sie zu dickflüssig sein, etwas Brühe hinzugeben, umrühren und abermals kurz aufkochen lassen.

Mit den restlichen Thymianblättern, den Granatapfelkernen und den Walnussstücken garniert servieren.

ZWIEBELSUPPE AUS DER NORMANDIE 🌿

mit Cidre und Bergkäse

Nach anfänglicher Skepsis von Georg, ob eine Zwiebelsuppe beim Futterkutter funktionieren könnte, hat ihn Martin eines Besseren belehrt. Diese Suppe ist seit der ersten Sekunde auf unserer Karte und wird diese auch nicht mehr verlassen – außer im Sommer, wenn die Lust auf Salat größer ist. Der Cidre darf dann aber trotzdem bleiben.

600 g rote, weiße und braune
  Zwiebeln
200 g Butter
60 g Mehl
400 ml Weißwein
200 ml Cidre
1,3 l Gemüse- oder Hühnerbrühe
je 2 Thymian- und Rosmarinzweige
2 Lorbeerblätter
Pfeffer, frisch gemahlen
Salz

70 g Crème Fraîche
60 g Bergkäse
8 Scheiben Baguette

Die Zwiebeln schälen, halbieren und in dünne Scheiben schneiden. Die Kräuterzweige mit einem Lorbeerblatt zusammenlegen und mit einem Küchengarn zu einem Bouquet garni binden. Den Käse reiben und den Backofen auf 180 Grad vorheizen.

In einer hohen Bratpfanne die Hälfte der Butter erhitzen. Die Zwiebeln hinzufügen und bei etwas höherer Hitze so lange anbraten, bis sie goldbraun sind. Mit gut drei viertel des Weißweins ablöschen, das Bouquet garni dazugeben und für weitere fünf Minuten köcheln lassen. Die Pfanne vom Herd nehmen und beiseitestellen.

In einem größeren Topf die restliche Butter schmelzen und danach das Mehl langsam mit dem Schneebesen einarbeiten, bis eine leicht gefärbte Mehlschwitze entsteht. Die Brühe angießen und dabei kräftig rühren. Alles kurz aufkochen, die Temperatur reduzieren und für rund 15 Minuten köcheln lassen. Die gegarten Zwiebeln hinzufügen und für weitere 15 Minuten kochen. Anschließend die Suppe mit Salz, Pfeffer und Wein kräftig abschmecken.

Die Baguettescheiben im Backofen leicht kross werden lassen. Mit Käse bestreuen und dann ein weiteres Mal in den Backofen schieben, bis der Käse geschmolzen und schön verlaufen ist.

Den Cidre auf die Suppenschüsseln verteilen und die Suppe angießen. Einen Klecks Crème Fraîche in die Mitte des Tellers setzen und darauf behutsam eine Käse-Baguette-Scheibe drapieren.

GEORGS KARAWANE UM DIE WELT 🌿🌿

mit Quinoa und fermentierten Radieschen

Kühlschrank auf, alle Gemüsereste raus, Gewürzschublade auf, schnell überlegt, wo die Reise hingehen soll, und schon bewegt sich die Karawane von Marokko über Israel bis nach Innsbruck – und das ohne die eigenen vier Wände zu verlassen. Das ist Futterkutter.

Salat
200 g Quinoa
150 g fermentierte Radieschen
150 g Erdbeeren
150 g Apfel, süß und fruchtig
50 g Gurke
15 g Minze, frisch

Dressing
5 EL mildes Olivenöl
2 EL weißer Balsamico
1 EL Cashewmus
1 Zitrone, unbehandelt
1 TL Kreuzkümmel
½ TL Pfeffer, grob gemahlen
½ TL Salz

fermentierte Radieschen
1 Bund Radieschen
1 gehäufter EL Senfsamen
Salz

Für die fermentierten Radieschen die Radieschen waschen, halbieren und dann 150 Gramm abwiegen. Mit drei Prozent ihres Gewichts Salz und die Senfsamen in ein Futterkutter-Glas füllen und mit Wasser bedecken. Achtung: Es dürfen keine Radieschen an der Oberfläche schwimmen. In dem Fall zum Beispiel einfach mit gut gewaschenen Bachsteinen beschweren. Das verschlossene Glas drei Tage lang an einem dunklen Ort bei Zimmertemperatur stehen lassen und dann in den Kühlschrank übersiedeln. Nach weiteren vier Tagen sollte es beim Öffnen des Glases zischen, und die Radieschen sollten ihre Farbe ans Wasser abgegeben haben. Schmecken sie nun leicht säuerlich-salzig und erinnern in der Nase an Sauerkraut, sind die fermentierten Radieschen bereit für den Salat.

Den Quinoa nach Packungsanleitung kochen und abkühlen lassen. Das Obst und Gemüse waschen, putzen und in kleine Stücke schneiden. Die Minze vom Stängel zupfen und in dünne Streifen schneiden. Die Schale einer halben Zitrone abreiben, die ganze Zitrone auspressen.

In einer Schüssel alle Zutaten für das Dressing, aber nur die Hälfte des Zitronensafts so lange gut vermischen, bis sich das Cashewmus aufgelöst hat und eine homogene Masse entstanden ist. Das Obst und Gemüse, den Quinoa, die Hälfte der Minze und das Dressing vermengen, fünf Minuten durchziehen lassen und mit Salz, Pfeffer und dem Zitronensaft abschmecken.

Den Salat mit der restlichen Minze garnieren.

SÄMIGE STEINPILZSUPPE
mit Rindercarpaccio und Crème Fraîche

Ideen für neue Rezepte kommen manchmal in völlig unerwarteten Momenten.
Zum Beispiel, wenn man wie Georg in der Wiese auf der Hochalm seines Schwagers
sitzt und ein paar Kilo Steinpilze neben einer Herde Angusrinder säubert.

Suppe
200 g Steinpilze, frisch
25 g Steinpilze, getrocknet
2 Kartoffeln, mehlig
3 Schalotten
200 ml Gemüsebrühe
300 ml Sahne
100 ml Weißwein
20 g Thymian, frisch
1 Knoblauchzehe
2 EL Butter
1 EL Olivenöl
Pfeffer, frisch gemahlen
Salz

Carpaccio
200 g Rinderfilet
150 g Crème Fraîche
1 Zitrone, unbehandelt
10 g Thymian, frisch
Olivenöl

Für das Rindercarpaccio das Rinderfilet waschen, trocken tupfen und im Tiefkühlschrank anfrieren lassen. Ist es nicht mehr weich, mit einem sehr scharfen Messer in hauchdünne Scheiben schneiden. Diese zwischen zwei Frischhaltefolien legen und mit einem flachen Fleischklopfer oder einem Bratpfannenboden dünn plattieren. Das Carpaccio in der Frischhaltefolie kühl stellen.

Für die Steinpilzsuppe die getrockneten Steinpilze für mindestens eine Stunde in 500 Milliliter kaltem Wasser einweichen. Die frischen Steinpilze putzen (nicht waschen!) und in vier Millimeter dicke Scheiben schneiden. Die Schalotten und den Knoblauch schälen und fein würfeln. Die Kartoffeln ebenfalls schälen und würfeln. Die Blätter von den Thymianzweigen zupfen. Die Schale der Zitrone abreiben und den Saft auspressen.

Die frischen Steinpilzscheiben ohne Öl in einer heißen, beschichteten Pfanne von allen Seiten leicht anbräunen. Aus der Pfanne nehmen. In einem Topf die Schalotten mit dem Knoblauch im Olivenöl glasig anschwitzen. Die Kartoffeln hinzugeben und unter ständigem Rühren rund zwei Minuten anbraten. Mit dem Weißwein ablöschen. Die angebratenen Steinpilzscheiben sowie die eingeweichten Pilze samt Pilzwasser dazugeben. Mit der Gemüsebrühe auffüllen, den Thymian einrühren, salzen, pfeffern und rund 20 Minuten auf kleiner Hitze mit leicht geöffnetem Deckel köcheln lassen. Die Sahne und Butter unterrühren und sehr gut pürieren. Für eine schönere Textur kann die Suppe anschließend auch noch durch ein Sieb passiert werden.

In einer Schüssel die Crème Fraîche mit dem Zitronensaft, dem Zitronenabrieb sowie Salz und Pfeffer abschmecken.

Kurz vor dem Servieren die Suppe mit dem Pürierstab in kreisförmigen Auf- und Abbewegungen mixen und sofort in tiefen Suppentellern verteilen. Das Rindercarpaccio vorsichtig in die Mitte der Teller drapieren und mit einem Klecks Zitronen-Crème-Fraîche, Thymianblättern und einigen Tropfen Olivenöl garnieren.

ENGLISCHE ERBSENSUPPE ⌀

mit Minze und gerösteten Mandeln

Wer die Suppe nicht schon einmal selbst gegessen hat, wird den Engländern mit dieser Kombination vermutlich kein bisschen vertrauen. Wir aber haben am Futterkutter schon viele leer gegessene Gläser und glückliche Gesichter gesehen und wissen: Sie macht Spaß!

800 g Erbsen, tiefgekühlt
150 g Crème Fraîche
1 Bund Frühlingszwiebeln
5 EL Butter
1 l Gemüsebrühe
80 g Minze, frisch
Pfeffer, frisch gemahlen
Salz

20 g Minze, frisch
80 g Mandeln, gehobelt

Für die Garnierung die Blätter der Minze abzupfen, fein hacken und kühl stellen. Die restliche Minze mitsamt den Stielen fein hacken, die Frühlingszwiebeln in Ringe schneiden.

Die Butter in einem Topf schmelzen lassen. Die Frühlingszwiebeln und Minze einrühren und für rund fünf Minuten bei mittlerer Hitze ziehen lassen. Die Erbsen dazugeben und kurz andünsten. Mit der Brühe so weit aufgießen, dass die Erbsen gerade bedeckt sind. Salzen und anschließend nicht länger als 30 Minuten leicht köcheln lassen, damit die Suppe ihre schöne grüne Farbe behält.

Die Suppe fein pürieren, Crème Fraîche einrühren und mit Salz und Pfeffer abschmecken. Kurz vor dem Servieren die Mandeln ohne Zugabe von Fett in einer Pfanne leicht anrösten. Zusammen mit den fein gehackten Minzblättern über die Suppe streuen und sofort servieren.

SCHWARZBIERGULASCH

mit Brezenknödel und Wacholderbeeren

Bei uns werden große Mengen zubereitet. Da kommen dann nicht nur ein paar Flaschen Bier, sondern gleich eine ganze Kiste in den Kochtopf. Bei 30 Grad in der Kutterküche und Luftfeuchtigkeit wie in den Tropen fällt es zum Glück nicht weiter auf, wenn dann ab und zu mal ein Bierchen direkt in den Koch statt in den Topf wandert.

Gulasch

1 kg Gulaschfleisch vom Rind
250 g Karotten
200 g Knollensellerie
1 große Zwiebel
750 ml kräftiges Schwarzbier
4 EL Butter
1 EL Tomatenmark
3 Lorbeerblätter
6 Wacholderbeeren
Pfeffer, frisch gemahlen
Salz

15 g glatte Petersilie, frisch

Knödel

250 g Laugenbrezen,
    mind. 2 Tage alt
125 g Ricotta
2 Eier
125 ml Milch
1 EL Butter
10 g Petersilie, frisch
½ Zwiebel
Muskatnuss
Pfeffer, frisch gemahlen
Salz

Für das Gulasch das Fleisch waschen, mit einem Küchenpapier trocken tupfen und in zwei mal zwei Zentimeter große Würfel schneiden. Die Karotten und Sellerie schälen und fein würfeln. Die Zwiebel schälen, halbieren und in dünne Halbmonde schneiden. Die Blätter der Petersilie von den Stielen zupfen und grob hacken. Für die Knödel die Brezen klein schneiden und in eine Schüssel geben. Die Milch in einem Topf leicht auf rund 40 Grad erwärmen. Die Blätter der Petersilie fein hacken. Die halbe Zwiebel schälen und sehr fein würfeln.

Für das Gulasch das Gulaschfleisch in einem Topf mit zwei Esslöffel Butter anbraten. Aus dem Topf nehmen und beiseitestellen. Die restliche Butter im selben Topf erhitzen und die Zwiebeln, die Karotten und den Sellerie darin kräftig anbraten. Das Tomatenmark einrühren und rund zwei Minuten karamellisieren lassen. Das Fleisch zurück in den Topf zum Gemüse geben, gut vermengen und mit dem Schwarzbier ablöschen. Die Wacholderbeeren und Lorbeerblätter hinzufügen, salzen und kurz aufkochen. Die Hitze reduzieren und bei geschlossenem Deckel für mindestens zwei Stunden schmoren lassen. Gelegentlich umrühren.

Für die Knödel die Eier in die Milch geben, mit einer Prise Muskatnuss würzen und mit dem Stabmixer oder einem Schneebesen verquirlen. Die Eiermilch über die Brezen gießen und den Ricotta unterheben. 25 Minuten ziehen lassen und gelegentlich umrühren.

Die Zwiebeln in einem Topf mit der Butter glasig anschwitzen und dann zusammen mit der fein gehackten Petersilie unter die Brezenmasse heben. Gut mit Salz und Pfeffer würzen. Aus der Mischung gleichmäßig große Knödeln rollen und einzeln in Klarsichtfolie einwickeln. Wasser zum Kochen bringen und die Knödel darin 25 Minuten ziehen lassen. Aus der Folie nehmen und warm halten.

Am Ende der Garzeit, wenn das Fleisch schön zart ist, noch einmal mit Salz und Pfeffer abschmecken. Das Gulasch in einem tiefen Teller anrichten, mit der grob gehackten Petersilie garnieren und mit einem Knödel servieren.

HEINRICHS WURSTSALAT AUS DEM SCHWABENLÄNDLE

mit Schwarzwurst und Apfelmus

Unser lieber Heinrich aka Heini aka Mann der Messer hat uns auf unserer Reise mit dem Kutter fast von Anfang an begleitet, und aus einer Initiativbewerbung ist eine gute Freundschaft entstanden. An seinem letzten Tag setzte er eines seiner Lieblingsgerichte aus der Heimat auf die Tageskarte, und uns war beim ersten Bissen klar, dass dieses Gericht mit ins Kochbuch muss!

Salat
700 g Schinkenwurst
300 g Schwarzwurst
1 Zwiebel
3 Essiggurken

Dressing
100 ml Sonnenblumenöl
170 ml Wasser
50 ml Apfelessig
20 ml Kressi-Gewürzessig
25 g Apfelmus
12 g grober Dijonsenf
12 g süßer Senf
11 g Zucker
Pfeffer, frisch gemahlen
Salz

10 g Schnittlauch, frisch
½ Zwiebel
Baguette, ofenfrisch

Die Wurst und Essiggurken möglichst fein schneiden. Ein viertel der einen Zwiebel sehr fein hacken, den Rest in dünne Halbmonde schneiden. Auch die halbe Zwiebel für die Garnierung in feine Halbmonde schneiden und beiseitestellen. Den Schnittlauch sehr fein hacken und ebenfalls beiseitestellen.

Alle Zutaten für das Dressing gut vermischen und die Zwiebelwürfel mit den Zwiebelhalbmonden darin mindestens vier Stunden marinieren lassen. Nach drei Stunden die geschnittene Wurst und die Essiggurken hinzufügen, kalt stellen und ebenfalls im Dressing ziehen lassen.

Den Wurstsalat in der Mitte eines großen Tellers zu einem Turm drapieren. Mit den beiseitegestellten Zwiebelhalbmonden und dem Schnittlauch dekorieren und mit dem Baguette servieren.

TOPINAMBUR-CURRY-SUPPE ✐

mit Honig und Limette

Gerichte wie diese führen bei so manchem Gast zu einem fragenden Gesicht. Topinambur? Die Knolle wurde einst von den Franzosen nach Europa gebracht, ist nussig und superlecker. Und immer gut für eine Überraschung in unserem Menü.

600 g Topinambur
150 g Kartoffeln
1 l Gemüsebrühe
125 g Crème Fraîche
½ Limette
2 EL Butter
1 EL Öl
1 EL Rohrzucker
2 EL Blütenhonig, flüssig
1 TL mildes Madrascurry
Cayennepfeffer
Salz

10 g Koriander, frisch

Die Topinambur und Kartoffeln schälen und würfeln. Den Koriander grob hacken, die Limette auspressen.

Die Butter mit dem Öl in einem Topf erhitzen und die Topinambur- und Kartoffelwürfel darin anschwitzen. Den Rohrzucker hinzugeben und leicht karamellisieren lassen. Mit der Gemüsebrühe ablöschen und so weit auffüllen, dass das Gemüse gerade bedeckt ist. Etwas Salz hinzugeben und bei mittlerer Hitze zirka 35 Minuten leicht köcheln lassen.

Wenn das Gemüse weich ist, die Crème Fraîche und den Honig einrühren. Die Suppe pürieren. Ist sie zu dickflüssig, mit etwas Brühe verdünnen. Das Madrascurry hinzugeben und mit einem Schneebesen gut einarbeiten.

Mit Salz, Cayennepfeffer und dem Limettensaft abschmecken und mit frischem Koriander servieren.

BAYERISCHE BROTSUPPE

mit kräftigem Bergkäse und Bier

Für dieses Rezept empfehlen wir ganz klassisch ein kräftiges Roggenbrot. In der Küche versuchen wir den Nachhaltigkeitskreislauf zu schließen und verwenden als Croutons auch noch unsere Baguettes, die vom Vortag übrig geblieben sind.

200 g kräftiges dunkles
   Roggenbrot (kein Sauerteig)
80 g würziger Bergkäse
2 Eigelbe
2 Zwiebeln
2 Knoblauchzehen
6 EL Butterschmalz
1 EL Mehl
800 ml Rinderbrühe
400 ml helles Bier
100 ml Sahne
Muskatnuss
Pfeffer, frisch gemahlen
Salz

2 Scheiben kräftiges dunkles
   Roggenbrot
2 EL Butter
15 g glatte Petersilie, frisch
40 g würziger Bergkäse

Die Zwiebeln und den Knoblauch schälen und fein würfeln. Das gesamte Brot in kleine Würfel schneiden und den Käse fein reiben. Die Blätter der Petersilie zupfen und hacken.

Das Butterschmalz in einem Topf erhitzen und die Brotwürfel für die Suppe darin anschwitzen. Die Zwiebeln und den Knoblauch hinzugeben und zwei Minuten lang glasig werden lassen. Dann das Mehl einrühren. Mit der Brühe und dem Bier ablöschen, salzen und rund 20 Minuten bei geringer Hitze köcheln lassen. Dabei gelegentlich umrühren, damit nichts ansetzt.

Inzwischen die Butter in einer Pfanne erhitzen und das Brot für die Garnierung darin von allen Seiten schön anbräunen lassen. Auf einem mit Küchenpapier ausgelegten Teller beiseitestellen.

Den Topf von der Herdplatte nehmen, die Suppe fein pürieren und mit Salz, Pfeffer sowie einer Prise geriebener Muskatnuss würzen. Anschließend die Sahne mit den Eigelben vermengen, in einen Topf gießen und bei kleiner Hitze leicht erwärmen. 80 Gramm des Bergkäses so lange mit einem Schneebesen einrühren, bis er geschmolzen ist. Achtung, nicht kochen lassen! Die Sahne-Käse-Mischung in die heiße Suppe rühren und mit den Gewürzen abermals kräftig abschmecken. Mit den gerösteten Brotwürfeln, dem Bergkäse und der Petersilie garnieren.

ITALIENISCHE TOMATENSUPPE ⌀

mit Basilikumnockerln

Ein Gericht aus den Futterkutter-Anfängen. Doch Zeiten ändern sich und Mengen auch. Stell es dir folgendermaßen vor: ein Sieb, ein Geschirrtuch, ein Schneebesen und 30 Liter dieser Suppe = Kutterköche mit Tennisarm. Für zu Hause aber nach wie vor eine köstliche Sommerspeise.

Suppe

3 kg Tomaten, sehr reif
250 g Crème Fraîche
500 ml Gemüsebrühe
4 EL Olivenöl
3 EL Tomatenmark
30 g Basilikum, frisch
1 Zweig Rosmarin
3 Wacholderbeeren
1 Lorbeerblatt
2 Knoblauchzehen
Pfeffer, frisch gemahlen
Salz

Nockerln

125 g Ricotta
20 g Basilikum, frisch
8 EL Parmesan, fein gerieben
3 EL Mehl
Pfeffer, frisch gemahlen
Salz

Olivenöl

Die Tomaten waschen, Stielansätze entfernen. Den Knoblauch schälen und fein würfeln. Für die Nockerln die Blätter vom Basilikum abzupfen und die Stiele für die Suppe beiseitelegen.

Für die Tomatensuppe den Backofen auf 140 Grad vorheizen. Auf einem Backblech vier Esslöffel Olivenöl, den Knoblauch und das gesamte Basilikum (außer den Blättern für die Nockerln) verteilen und die Tomaten mit dem entfernten Stielansatz nach unten darauf eng aneinanderlegen. Mit einem kleinen Messer mehrmals in die Tomaten einstechen und mit Salz bestreuen. So lange im Backofen garen lassen, bis sich an den eingestochenen Schlitzen weißer Schaum bildet. Das dauert rund 45 Minuten. Dann den gesamten Blechinhalt in einen Topf kippen, das Tomatenmark und die Gemüsebrühe hinzugeben und gut pürieren. In einem weiteren Topf ein Sieb einhängen und mit einem Tuch auslegen. Das Tomatenpüree behutsam in das Sieb gießen und mit einem Kochlöffel verrühren, damit der erste Teil der Flüssigkeit zügig durchfließen kann. Den Topf mitsamt dem Sieb für sieben Stunden in den Kühlschrank stellen, damit auch das restliche Püree abtropft.

Den abgetropften Tomatensaft aus dem Kühlschrank nehmen, die Wacholderbeeren, den Rosmarin und das Lorbeerblatt hinzugeben und aufkochen. Die Suppe ohne Deckel eine halbe Stunde köcheln lassen. Dann die Gewürze mit einem Sieb entfernen und die Suppe für weitere 30 Minuten leicht reduzieren.

Für die Nockerln in der Zwischenzeit die Basilikumblätter und den Ricotta in einer Küchenmaschine zu einer feinen Masse pürieren. Den Parmesan und das Mehl unterheben, gut verrühren und mit Salz und Pfeffer abschmecken. Mit zwei Teelöffeln Nockerln formen und in gerade nicht mehr kochendem Salzwasser rund zehn Minuten ziehen lassen.

Die Crème Fraîche unter die Suppe rühren und mit Salz und Pfeffer abschmecken. Auf Suppentellern verteilen, die Nockerln dazugeben und mit etwas Olivenöl beträufelt servieren.

MAMAS SOLJANKA

mit Marillenmarmelade und Sauerrahm

Eigentlich aus der Ukraine, fand dieses Rezept mit Umwegen über Russland nach Berlin zu Martins Mama. Von ihr verändert und verbessert, ist es eines der Lieblingsgerichte von Georg und Martin, eine Fleischbombe par Excellence, mit geschmacklichen Ausflügen ins ferne Elsass. Ein Muss für jeden, der kräftige und einzigartige Gerichte liebt.

350 g Rinderschulter
350 g Schweineschulter
200 g Geselchtes bzw. Kassler
1 Zwiebel
1 Tomate
½ Paprikaschote
100 g Sauerrahm
750 ml Rotwein
4 EL Butterschmalz
5 Essiggurken mit 5 EL Saft
   aus dem Glas
5 EL Marillenmarmelade
1 Zitrone
5 Lorbeerblätter
5 Wacholderbeeren
10 Pfefferkörner
Pfeffer, frisch gemahlen
Salz

1 Zitrone
25 g Sauerrahm

Die Zwiebel schälen und fein hacken. Das Rind- und Schweinefleisch waschen und anschließend zusammen mit dem Geselchten in mundgerechte Stücke schneiden. Die Tomate und Paprikaschote waschen und mit den Essiggurken klein schneiden. Saft der Essiggurken beiseitestellen. Den Saft von einer Zitrone auspressen, die andere Zitrone in Scheiben schneiden.

In einem Topf das Butterschmalz erhitzen und die Zwiebel darin glasig andünsten. Das gesamte Fleisch dazugeben und gut anbraten. Mit dem Rotwein auffüllen, die Gewürze, die Marmelade und das Gemüse mit dem Essiggurkensaft hinzugeben und umrühren. Kräftig mit Salz würzen und zwei bis drei Stunden leicht köcheln lassen.

Am Ende der Garzeit mit dem Sauerrahm, Zitronensaft, Salz und Pfeffer nachwürzen. Die Soljanka sollte leicht süßlich, leicht sauer und kräftig schmecken. In Suppentellern anrichten und mit einer Zitronenscheibe und einem Klecks Sauerrahm garnieren.

WEISS-GRÜNE SPARGELSUPPE

mit Vanille und Saibling

Was macht den Frühling aus? Spargel. Und der wird hier in Weiß und Grün verwendet.
Damit's noch spannender wird, packen wir Bachsaibling, Vanille und Kräuterseitlinge
mit dazu und kochen damit eine Vorspeise, die den Frühling einläutet.

250 g weißer Spargel
250 g grüner Spargel
250 g Saiblingsfilet
250 g Kräuterseitlinge
100 g Sahne
1 l Gemüsebrühe
30 g kalte Butter
2 zusätzliche EL Butter
Olivenöl
1 Orange, unbehandelt
1 Zitrone, unbehandelt
10 g Petersilie, frisch
1 Knoblauchzehe
½ Vanilleschote
Muskatnuss
1 cl Sherry
Cayennepfeffer
Pfeffer, frisch gemahlen
Salz

Den weißen Spargel schälen, die Schalen aufbewahren und von
beiden Sorten die holzigen Enden entfernen. Den Spargel in
dicke Scheiben schneiden. Einen Streifen Zitronenschale abschälen
und die Zitrone auspressen. Die Schale der Orange abreiben. Den
Knoblauch schälen und in zwei Hälften schneiden. Die Vanilleschote der Länge nach halbieren. Die Kräuterseitlinge in dünne
Stücke schneiden. Die Petersilie waschen, trocken schütteln und
hacken. Das Saiblingsfilet von der Haut befreien, in etwa eineinhalb Zentimeter große Würfel schneiden und mit ein wenig Öl
marinieren. Den Backofen auf 50 Grad vorheizen.

Die Brühe aufkochen und salzen. Die Spargelschalen einlegen und
darin 20 Minuten leicht köchelnd ziehen lassen. Durch ein Sieb
abgießen, die Schalen mit dem Rücken einer Schöpfkelle ausdrücken
und den Sud auffangen. Den geschnittenen Spargel im heißen,
nicht kochenden Spargelsud fünf bis zehn Minuten bissfest garen.
Die Stücke aus dem Topf fischen und kalt abschrecken. Die Sahne
zum Sud hinzufügen und bis kurz vor dem Siedepunkt erhitzen.
Vom Herd nehmen und die Zitronenschale mit der halbierten Knoblauchzehe und der Vanilleschote in der Suppe rund 15 Minuten
ziehen lassen.

Die Saiblingsfiletstücke auf einem Backblech für zehn Minuten in
den Backofen schieben und anschließend mit Salz abschmecken.
In der Zwischenzeit die Kräuterseitlinge mit der gehackten Petersilie in einer beschichteten Pfanne bei hoher Hitze anbraten,
mit dem Sherry ablöschen, die zwei Esslöffel Butter einschmelzen
lassen und mit etwas Salz würzen. Tiefe Suppenteller zum Vor-
wärmen in den Backofen stellen.

Zitronenschale, Knoblauch und Vanille aus der Suppe entfernen
und die kalte Butter hinzufügen. Mit einem Pürierstab mixen und
mit Salz, einer Prise Cayennepfeffer, einer Prise Muskatnuss,
ein paar Tropfen Zitronensaft und dem Orangenabrieb abschmecken.

Den Saibling mit den Spargelscheiben und den Kräuterseitlingen in
die vorgewärmten Suppenteller geben. Die Suppe erneut schaumig
mixen und behutsam angießen.

SIGI OMAS TOPFENKRAPFERLN ✐

mit Preiselbeermarmelade

Wenn Freunde diese Krapferln essen, fällt immer wieder ein Satz: „Schmeckt wie bei der Oma." Und die Oma macht die Krapferln mit viel Liebe, einer ordentlichen Portion Butter und Preiselbeermarmelade. Unser Tipp: Auch wenn andere Marmeladen mit Fruchtstücken ebenso funktionieren würden, nimm Preiselbeermarmelade!

für ca. 35 Stück

125 g Mehl
125 g Topfen
125 Butter
Salz
200 g Preiselbeermarmelade

Staubzucker zum Bestäuben
  der Krapferln
Mehl zum Bestäuben
  der Arbeitsfläche

Die Preiselbeermarmelade in einem Sieb abtropfen lassen, damit sie später nicht aus den Krapferln fließt. Den Backofen auf 180 Grad vorheizen.

Alle Zutaten kalt verwenden. Den Topfen und die Butter mit dem Mehl und einer Prise Salz zügig zu einem geschmeidigen Teig verkneten, in Klarsichtfolie wickeln und für mindestens eine Stunde im Kühlschrank rasten lassen.

Die Arbeitsfläche bemehlen. Den Teig aus dem Kühlschrank holen und in mehreren Etappen dünn ausrollen. Kreise ausstechen und auf ein mit Backpapier ausgelegtes Backblech geben. Einen halben Teelöffel Marmelade in die Mitte der Kreise setzen und diese halbmondförmig verschließen. Die Ränder sehr gut zusammendrücken, damit die Marmelade nicht ausrinnt.

Die Krapferln anschließend für 15 bis 20 Minuten backen. Sie sind genau richtig, wenn der Teig leicht Farbe annimmt und knusprig wird. Erkalten lassen und vor dem Servieren großzügig mit Staubzucker bestäuben.

GEEISTE MARZIPAN-BEEREN-SUPPE ⌀

mit Amaretto und Mandelkrokant

Als Kind hat Martin Marzipan gehasst. Erst als er 2008 nach Österreich zog, begann er, mehr und mehr Gefallen daran zu finden. Mittlerweile geht seine Begeisterung dafür sogar so weit, dass er diese Versuchung aus Marzipan, Amaretto, Beeren und Mandelkrokant kreiert hat.

Suppe
125 g Marzipanrohmasse
25 g Zucker
2 Eigelbe
650 ml Milch
4 EL Amaretto
1 gestrichener EL
   Vanillepuddingpulver
1 Zitrone

Kompott
450 g Heidelbeeren
450 g Himbeeren
4 EL Puderzucker
3 EL Amaretto

Krokant
75 g Mandeln
75 g Zucker
1 TL Butter

Das Marzipan fein zerkrümeln. Den Saft der Zitrone auspressen. Die Heidelbeeren und Himbeeren gründlich waschen und trocknen. Die Mandeln hacken.

Für das Mandelkrokant den Zucker in einer beschichteten Pfanne gleichmäßig verteilen und bei mittlerer Hitze schmelzen lassen. Die Butter hinzugegen und goldbraun karamellisieren. Nun sehr zügig die Mandeln unterrühren, bis sie vom Karamell umhüllt sind. Die Masse gleichmäßig auf einem Backpapier verteilen, ein zweites Backpapier darüberlegen und mit einem Nudelholz flach ausrollen. Wenn die Masse abgekühlt und fest ist, das Backpapier entfernen und die Karamellplatte mit einem Messer grob hacken.

Für die Marzipansuppe 600 Milliliter Milch mit dem Zucker aufkochen. Die Eigelbe, das Puddingpulver, den Amaretto und die restliche Milch in einer Schüssel glattrühren. Die Masse anschließend unter ständigem Rühren zur heißen Milch geben und 30 Sekunden lang köcheln lassen. Den Topf vom Herd nehmen, das Marzipan unterheben und mit einem Pürierstab sehr gut mixen. Mit einem Esslöffel Zitronensaft abschmecken. Die Marzipansuppe in eine Schüssel füllen und diese in eine zweite Schüssel mit Eiswasser stellen. Die Suppe vollständig abkühlen lassen, dabei immer wieder umrühren. Eine halbe Stunde vor dem Servieren tiefkühlen.

Für das Beerenkompott die Hälfte der Beeren mit dem Puderzucker und dem Amaretto in einem Topf aufkochen und ohne Deckel weitere fünf Minuten leicht köcheln. Die Masse durch ein Sieb in eine Schüssel streichen und die übrigen Beeren untermischen. Abkühlen lassen und dann für eine halbe Stunde in den Tiefkühler stellen.

Die beiden Schüsseln aus dem Gefrierschrank nehmen. Die Marzipansuppe auf Schüsseln verteilen. Das Beerenkompott anschließend mit einem Esslöffel großzügig kreisförmig über die Suppe träufeln. Mit dem Mandelkrokant dekorieren und sofort servieren.

MARILLENKNÖDEL *

mit Vanillesabayon und Marillenkompott

Ein Dessertklassiker, dem wir mit extra Marillen und Gelbem Muskateller noch mehr Wachau verpasst haben. Freunde einladen, Pfanne mit den Knödeln und der Vanillesabayon auf den Tisch stellen und auf geht's zum gemeinsamen Löffeln.

Knödel
900 g Kartoffeln, mehlig
10–12 Marillen
75 g Speisestärke
50 g Butter
30 g Zucker
3 Eigelbe
1 Zitrone, unbehandelt
6 TL brauner Zucker
etwas Mehl zum Bestäuben
Salz

Kompott
400 g Marillen
50 g Zucker
300 ml Weißwein
  (Gelber Muskateller)
2 EL Vanillezucker
1 Zimtstange
1 EL Speisestärke

Den Backofen auf 150 Grad vorheizen. Die Kartoffeln waschen, in einem Topf mit Dämpfeinsatz oder einem Sieb weich garen, noch heiß pellen und in eine Auflaufform geben. Im Backofen zehn bis 15 Minuten ausdämpfen lassen. Dann die Kartoffeln zweimal durch eine Kartoffelpresse in eine Schüssel drücken.

Für das Marillenkompott die Marillen waschen, trocknen, halbieren und entkernen.

Für die Marillenknödel die Marillen waschen, trocknen, an einer Seite längs aufschneiden, entkernen und jeweils mit einem halben Teelöffel braunen Zucker füllen und schließen. Die Butter schmelzen. Die Schale der Zitrone abreiben.

Für die Vanillesabayon die Vanilleschote längs aufschneiden und das Mark mit dem Messerrücken herauskratzen.

Für die Knödel die Eigelbe, die Speisestärke und die flüssige Butter zu der Kartoffelmasse geben. Gründlich mischen und mit einer Prise Salz, etwas abgeriebener Zitronenschale und dem Zucker abschmecken. Die Masse sollte sich trocken anfühlen. Je nach Kartoffelsorte noch etwas Speisestärke zufügen, bis die richtige Konsistenz erreicht ist. Den Kartoffelteig auf einer bemehlten Arbeitsfläche zu einer etwa fünf Zentimeter dicken Rolle formen und in zehn bis zwölf gleichmäßige Stücke schneiden. Eine Mulde in die Mitte der Stücke drücken und jeweils eine der vorbereiteten Marillen hineinlegen. Den Teig mit feuchten Händen gleichmäßig um die Marille herum verschließen und zu einer Kugel drehen.

Sabayon
4 Eigelbe
60 g Zucker
80 ml Weißwein
  (Gelber Muskateller)
½ Vanilleschote

Zimtbrösel
100 g Butter
100 g Semmelbrösel
½ TL Zimt, gemahlen

Staubzucker zum Bestäuben

In einem großen Topf reichlich Salzwasser zum Kochen bringen. Die Hitze reduzieren und die Knödel im heißen Wasser zehn bis zwölf Minuten ziehen lassen. Wenn sie an der Oberfläche schwimmen, mit einer Schaumkelle herausnehmen.

Für das Kompott den Zucker in einem Topf goldgelb karamellisieren, mit dem Weißwein ablöschen und bei mittlerer Hitze köcheln lassen, bis sich der Zucker wieder gelöst hat. Den Vanillezucker, die Zimtstange und die Marillen dazugeben und weitere drei bis fünf Minuten köcheln. Die Speisestärke mit etwas kaltem Wasser zu einer glatten Creme verarbeiten und in das Marillenkompott rühren. Abkühlen lassen.

Für die Zimtbrösel die Butter in einer Pfanne schmelzen und die Semmelbrösel darin bei mittlerer Hitze goldbraun rösten. Mit dem Zimt würzen und die fertig gegarten Knödel darin wälzen.

Für die Sabayon den Zucker, die Eigelbe, das Vanillemark und den Weißwein in eine große Schüssel geben, mit einem Schneebesen verrühren und über einem leicht siedenden Wasserbad dick-schaumig aufschlagen. Dann die Schüssel vom Wasserbad nehmen und noch rund zwei Minuten weiterrühren, damit die Sabayon nicht stockt.

Das Marillenkompott auf einer Platte verteilen, die Knödel darauf anrichten und mit der Vanillesabayon übergießen. Mit Puderzucker bestreuen und sofort servieren.

SOMMERLICHE KALTSCHALE ✎

mit Vanillegrießklößchen und Mandelblättchen

So schmeckt Martins Kindheit in Berlin: Im Sommer bei Mama und Oma in der Küche sitzen und mit dem Löffel aus dem Topf naschen. Und wenn die Grießklößchen in die Beerensuppe wanderten, war er vor Aufregung kaum mehr zu halten.

Kaltschale

400 g Beeren und Kirschen,
   zum Beispiel Himbeeren,
   Erdbeeren, Heidelbeeren
   und Brombeeren
2 Weinbergnektarinen
1 Zitrone, unbehandelt
1 Orange, unbehandelt
75 g Zucker
60 g Sago
700 ml roter oder schwarzer
   Johannisbeersaft
½ Zimtstange
1 Nelke

Grießklößchen

60 g Grieß
30 g Butter
30 g Zucker
1 Ei
1/8 l Milch
½ Vanilleschote
Salz

2 EL Mandelblättchen

Die Beeren und Kirschen waschen und gut abtropfen lassen. Die Kirschen entsteinen. Die Nektarinen kurz in kochendes Wasser tauchen, kalt abschrecken, die Haut abziehen, halbieren, den Stein entfernen und das Fruchtfleisch anschließend in einen Zentimeter große Stücke schneiden. Die Schalen der Zitrone und der Orange hauchdünn ohne den weißen Anteil abhobeln. Halbieren, den Saft auspressen und beiseitestellen. Die Vanilleschote längs aufschneiden und das Mark mit dem Messerrücken herauskratzen.

Für die Kaltschale den Johannisbeersaft mit dem Saft und den Schalen der Orange und der Zitrone, der Zimtstange, der Nelke, dem Sago und dem Zucker aufkochen. Auf niedriger Stufe unter ständigem Rühren rund 20 Minuten leicht köcheln lassen. Die Zitrusschalen, Nelke und Zimtstange entfernen, stattdessen die Früchte in die heiße Suppe mengen. Auskühlen lassen.

Für die Grießklößchen die Milch, Butter, das Vanillemark und den Zucker in einem Topf aufkochen. Den Grieß hinzugeben und unter ständigem Rühren auf der heißen Herdplatte ausquellen lassen, bis sich die Masse als Kloß vom Topfboden löst. Kurz abkühlen lassen und dann ein verquirltes Ei unterrühren. In der Zwischenzeit einen Topf Wasser mit einer Prise Salz aufkochen. Mit zwei angefeuchteten Esslöffeln zwölf bis 15 kleine Klößchen formen und in dem heißen, nicht mehr kochenden Wasser rund fünf Minuten gar ziehen lassen. Die Klößchen mit einer Schaumkelle abseihen und gut abtropfen lassen.

In einer trockenen Pfanne die Mandelblättchen goldbraun rösten. Die Kaltschale in tiefen Tellern anrichten und die Grießklößchen behutsam darauf verteilen. Mit den gerösteten Mandelblättchen bestreut servieren.

TARTE AU CHOCOLAT 🌿

mit salziger Karamellsauce

Aus einem Kuchen für Futterkutter-Festivitäten und einem Schokomousse für Caterings hat sich irgendwann diese Megaschokokombi entwickelt. Macht süchtig!

kleine Spring- oder
  Auflaufform, 22 cm ø
Ausstechring, 5–7 cm ø

Tarte
300 g dunkle Kuvertüre
150 g Butter
100 g Zucker
4 Eier
35 ml Sahne
½ Vanilleschote
Salz
½ EL Backpulver

Mousse au Chocolat
130 g dunkle Schokolade,
  mindestens 70 %
10 g Zucker
2 Eier
125 ml Sahne

Karamellsauce
210 g Zucker
55 g Butter
175 ml Sahne
Salz

1 EL Salzflocken

Für die Tarte den Backofen auf 180 Grad vorheizen und die Springform einfetten. Die Kuvertüre grob hacken. Die Vanilleschote längs aufschneiden und mit dem Messerrücken das Mark herauskratzen. Für die Mousse au Chocolat die dunkle Schokolade grob zerkleinern. Eier trennen und beiseitestellen.

Für die Mousse au Chocolat die Schokolade vorsichtig im Wasserbad schmelzen. Sowohl die Sahne als auch Eiweiße schaumig schlagen und sofort kalt stellen. Die Eigelbe in einer großen Schüssel cremig schlagen und dann den Zucker so lange einarbeiten, bis die Masse hell ist. Die geschmolzene Schokolade hinzufügen. Anschließend sofort den Eischnee und die Sahne unterheben. Achtung: per Hand und nicht mit dem elektrischen Handrührer! Das Mousse für mindestens zwei Stunden kalt stellen.

Für die Tarte in der Zwischenzeit die Kuvertüre mit der Butter bei schwacher Hitze schmelzen lassen und die Sahne einrühren. Die Eier und den Zucker in einer Schüssel mit dem Handmixer schaumig schlagen. Das Vanillemark mit der Kuvertürenmischung, einer Prise Salz und dem Backpulver zur Ei-Zucker-Masse geben und gut verrühren. Den Teig in die Form füllen und im Backofen auf mittlerer Schiene etwa 30 Minuten backen. Auskühlen lassen und mit dem Ausstechring kleine Tarteböden ausstechen.

Für die Karamellsauce eine Pfanne oder einen Topf bei mäßiger Hitze erwärmen. Den Zucker darin unter ständigem Rühren karamellisieren lassen. Wenn er anfängt, Farbe anzunehmen, die Hitze reduzieren und so lange weiterrühren, bis der Zucker goldbraun ist. Die Pfanne vom Herd nehmen und die Butter einarbeiten. Ist sie geschmolzen, nach und nach die Sahne zugießen und verrühren. Die Karamellsauce behutsam salzen und abkühlen.

Zum Anrichten die ausgestochenen Tarteböden auf Tellern platzieren. Den Ausstechring innen mit etwas Wasser befeuchten, auf die Tarte setzen, mit der Mousse au Chocolat befüllen, glattstreichen und den Ring vorsichtig abziehen. Die Karamellsauce über das Dessert träufeln und mit Salzflocken bestreuen.

(Tipp:) Die Tarte alleine schmeckt auch geil.

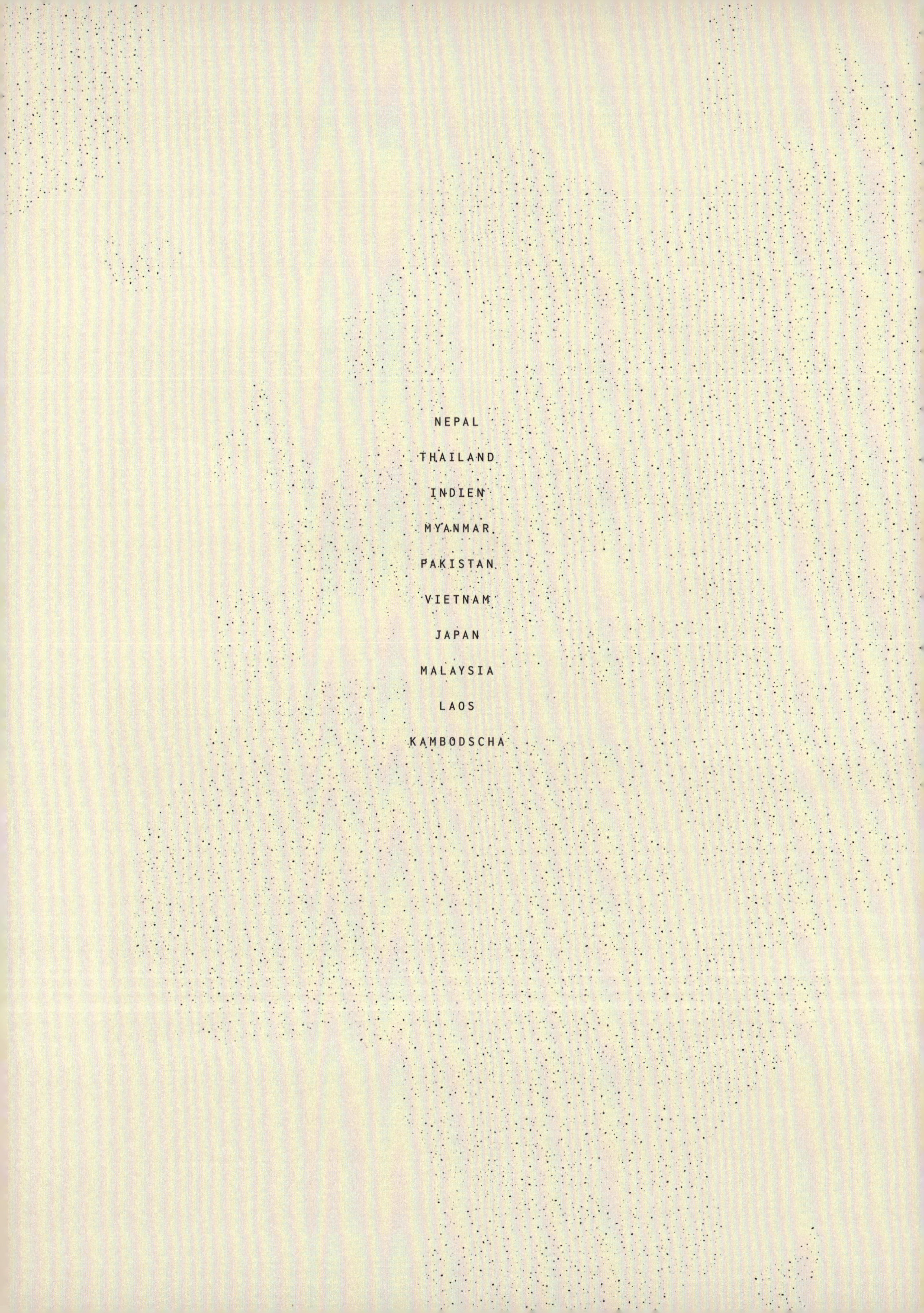

NEPAL

THAILAND

INDIEN

MYANMAR

PAKISTAN

VIETNAM

JAPAN

MALAYSIA

LAOS

KAMBODSCHA

ASIEN

KARTOFFEL-LINSEN-CURRY 🌿🌿

mit Kokosmilch und Thymian

Eigentlich wird in der indischen Küche kein Thymian verwendet. Dann aber haben wir dort Königskümmel oder Ajowan entdeckt, der unserem Thymian geschmacklich sehr ähnelt. Wir ersetzen die indische durch die europäische Variante und sind gespannt, ob's dir auch so gut schmeckt.

500 g Kartoffeln
200 g rote Linsen
1 Dose Tomaten in Stücken, 400 g
600 ml Gemüsefond
400 ml Kokosmilch
1 große Zwiebel
2 Knoblauchzehen
3 EL Butterschmalz
  oder 3 EL Sonnenblumenöl
15 g Thymian, frisch
2 EL Senfkörner
1 TL Currypulver
1 TL Piment, gemahlen
1 TL Paprikapulver
1 TL Kreuzkümmel, gemahlen
1 große Prise Muskatnuss
1 TL Pfeffer, frisch gemahlen
Salz

30 g Mandeln, gehackt
schwarzer Kümmel

Die Kartoffeln schälen und in mundgerechte Stücke schneiden. Die Zwiebel und Knoblauch schälen und fein hacken. Die roten Linsen unter kaltem Wasser gut waschen. Den Thymian zupfen und fein hacken.

Das Butterschmalz oder das Öl in einem Topf erhitzen und die Zwiebel- und Knoblauchwürfel darin anschwitzen. Die Gewürze dazugeben und weitere fünf Minuten lang mitanschwitzen, ohne sie zu verbrennen. Dann die Kartoffeln und Linsen mit den Tomaten einrühren, salzen und mit dem Gemüsefond und der Kokosmilch ablöschen. Das Curry erhitzen und 20 bis 25 Minuten köcheln.

Am Ende der Garzeit, wenn die Kartoffeln noch bissfest sind, mit den Gewürzen, Salz und Pfeffer abschmecken. Das Kartoffelcurry mit den gehackten Mandeln und dem schwarzen Kümmel bestreuen und servieren.

TOM SAEB NÜA –
SCHARFE RINDFLEISCHSUPPE
mit Chili und Thai-Basilikum

Achtung, scharf! In unseren Breitengraden sind wir es nicht gewöhnt, dass warmes Rindfleisch leicht sauer schmecken kann. In Thailand wird Rind gern mit Limette kombiniert – und mit ordentlich Schärfe natürlich.

600 g Rinderschulter und -hüfte
300 g braune Champignons
2 mittelgroße Tomaten
2 Limetten
2 Stängel Zitronengras
6 Kaffirlimettenblätter
40 g Galgant
6 Thai-Chilischoten, frisch (Bird Eye)
5 EL Fischsauce

60 g Thai-Basilikum, frisch
  (Asialaden)

Das Zitronengras und den Galgant waschen, aber nicht schälen. Das Zitronengras in zirka drei Zentimeter lange Stücke schneiden, den Galgant in dünne Scheiben schneiden, die Kaffirlimettenblätter vierteln.

Die Chilischoten waschen, vom Stielansatz befreien und mitsamt den Kernen fein hacken. Rindfleisch waschen, trocknen, etwaige Sehnen auslösen und in mundgerechte Stücke schneiden. Die Thai-Basilikumblätter waschen und trocken schütteln. Die Champignons putzen und vierteln, die Tomaten vom Stielansatz befreien und vierteln. Die Limetten auspressen.

Eineinhalb Liter Wasser in einen Topf geben, das Fleisch mit dem Zitronengras, den Kaffirlimettenblättern, der Hälfte der Chilischoten und dem Galgant hinzufügen und zum Kochen bringen. Bei mittlerer Hitze und halbgeöffnetem Deckel etwa eineinhalb Stunden kochen lassen und immer wieder den Schaum abschöpfen. Wenn das Fleisch weich ist, die Gewürze wieder entfernen und die Suppe mit Fischsauce abschmecken.

Die Tomatenviertel zusammen mit den Champignons, etwas Chili und vier Esslöffel Limettensaft in Schüsseln geben und mit der heißen Suppe auffüllen. Mit den Thai-Basilikumblättern garnieren.

NORDINDISCHE TOMATENSUPPE 🌿🌿

mit Kokosmilch und Papadams

Wer hat sich schon einmal an einer indischen Tomatensuppe versucht?
Wir haben's und können sagen: Eine vermeintlich einfache Suppe gut hinzubekom-
men, lässt einen eine Extrarunde in der Küche drehen. Wer sie als Hauptspeise
essen möchte, sollte die Zutaten verdoppeln.

1 Dose geschälte Tomaten, 400 g
400 ml Kokosmilch
100 ml Gemüsebrühe
1 Zwiebel
15 g Ingwer
2 EL Sonnenblumenöl
1 TL Kreuzkümmel, gemahlen
1 TL scharfes Madrascurry
½ TL Paprikapulver
1 Zimtstange
2 Nelken
8 Fenchelsamen
1 TL brauner Zucker
Pfeffer, frisch gemahlen
Salz

30 g Mandeln, gehobelt
2 Papadams (Asialaden)

Eine Pfanne ohne Fett erhitzen und den Zimt, die Nelken und
die Fenchelsamen darin anrösten, bis sie anfangen zu duften.
Beiseitestellen. Die gehobelten Mandeln kurz in derselben
Pfanne ohne Fett leicht anrösten. Zwiebel und Ingwer schälen
und fein hacken.

Das Öl in einem Topf erhitzen und die Zwiebeln mit dem Ingwer
darin bei mittlerer Hitze glasig andünsten. Die Dosentomaten
hinzugeben, zum Kochen bringen und rund 15 Minuten köcheln
lassen. Den Tomatenansatz anschließend sehr gründlich mit einem
Stabmixer oder in einer Küchenmaschine sämig pürieren. Danach
die Kokosmilch, die Gemüsebrühe und sämtliche Gewürze dazugeben
und rund 45 Minuten leicht köcheln lassen.

In der Zwischenzeit die Papadams laut Packungsanleitung in Öl
ausbacken und klein zerbröseln.

Die Tomatensuppe mit Salz, Pfeffer und den Gewürzen abschmecken.
Sollte sie durch die Tomaten zu sauer sein, mit etwas Zucker
ausgleichen. Mit einem groben Sieb Nelken, Fenchelsamen und den
Zimt entfernen.

In tiefe Teller füllen und mit den gehobelten Mandeln und den
zerbröselten Papadams garnieren.

BURMESISCHES CURRY ⌀⌀

mit Ingwer und Kurkuma

Eine Reise durch Myanmar führte Georg auch an den Inle Lake, wo er direkt am See einen Kochkurs bei Mr. Min besuchte. Von dort hat er dieses Rezept mitgebracht und es kurzerhand an regionale Gemüsesorten angepasst.

600 g Gemüse nach Wahl,
  zum Beispiel je 150 g Kartoffeln,
  Brokkoli, Karotten und grüne
  Bohnen
3 Tomaten
1 l Wasser
3 EL Sojasauce
3 EL Erdnussöl
1 Limette
1 EL brauner Zucker
30 g Knoblauch
30 g Ingwer
1 TL Kurkuma, gemahlen
Salz

15 g Koriander, frisch
320 g thailändischer Duftreis

Den Knoblauch mit dem Ingwer in einer Küchenmaschine zerkleinern. Das Gemüse waschen, falls nötig schälen und in kleine Stücke schneiden. Die Tomaten vom Stielansatz befreien und klein würfeln. Den Koriander waschen, trocken schütteln und grob hacken.

Das Erdnussöl in einem Topf erhitzen und die Kurkuma darin nicht länger als eine halbe Minute anrösten. Den Knoblauch und Ingwer dazugeben und gut anschwitzen. Achtung, dabei immer wieder umrühren, damit nichts anbrennt! Mit den zerkleinerten Tomaten ablöschen und mit Salz und dem braunen Zucker rund 30 Minuten bei kleiner Hitze einkochen lassen.

Den Reis nach Packungsanleitung kochen.

Wenn die Masse gut reduziert ist, die Karotten und Kartoffeln hinzugeben. Mit einem Liter Wasser aufgießen, dass der Inhalt gerade bedeckt ist, und zirka 20 Minuten garen. Dann die Bohnen, den Brokkoli und etwas Wasser einrühren und für weitere zehn Minuten köcheln lassen. Wenn das Gemüse bissfest ist, mit Salz, der Sojasoße und ein paar Spritzern Limette abschmecken.

Den Koriander über das Curry streuen und mit dem Reis servieren.

BELUGALINSENSALAT ✍

mit Roter Bete und Ziegenfrischkäse

Farblich ist dieser Salat ein echtes Highlight im Sommer. Aber nicht nur das. Die Mischung aus Ziegenfrischkäse, Rucola und Roter Bete hat's uns auch geschmacklich so angetan, dass wir immer erst eine große Portion davon selber essen müssen, bevor wir mit den Futterkuttern losradeln.

Salat

300 g Belugalinsen
300 g Rote Bete, gekocht
4 EL Meerrettich
2 Frühlingszwiebeln
Pfeffer, frisch gemahlen
Salz

Dressing

Saft der gekochten Roten Bete
 (aus der Verpackung)
4 TL weißer Balsamico
2 EL bestes Olivenöl
½ Zitrone
1 Prise Zucker
1 Prise Muskatnuss

100 g Ziegenfrischkäse
100 g Rucola

Die Belugalinsen in ausreichend Wasser für rund 20 Minuten bissfest kochen, abgießen, kalt abspülen und beiseitestellen. Die Rote Bete in kleine Würfel schneiden. Den Rucola in eine Schüssel geben, mit kaltem Wasser auffüllen, 20 Minuten einweichen, das Wasser abgießen und den Salat mit einer Salatschleuder trocknen. Anschließend grob hacken. Die Frühlingszwiebeln von der äußeren Haut befreien und leicht schräg in sehr feine Streifen schneiden. Die Zitrone auspressen.

Die Linsen mit der Roten Bete, dem Meerrettich und den Frühlingszwiebeln vorsichtig vermengen, leicht salzen und pfeffern.

Für das Dressing den Saft der Roten Bete mit allen anderen Zutaten gut vermischen und abschmecken. Die Belugalinsen mit dem Dressing marinieren und rund zehn Minuten ziehen lassen.

Den Belugalinsensalat auf Schüsseln verteilen und mit dem Ziegenfrischkäse und einer ordentlichen Portion Rucola garnieren.

NEPALESISCHER GURKENSALAT 🌿🌿

mit Erdnüssen und Koriander

Fans von Koriander kommen hier voll auf ihre Kosten. Alle anderen lassen besser die Finger davon. Gurke und Koriander harmonieren perfekt und erfrischen im Sommer als Vorspeise oder Begleitung wunderbar.

800 g Gurke
100 g Erdnüsse, gesalzen
4 Papadams (Asialaden)
50 ml Sonnenblumenöl
2 Limetten, unbehandelt
10 g Koriander, frisch
Pfeffer, frisch gemahlen
Salz

15 g Koriander, frisch

Die Gurke waschen, schälen und die Enden abschneiden. Anschlie-
ßend längs halbieren, mit einem Teelöffel von den Kernen befreien und in dünne Halbmonde schneiden. Die Erdnüsse in einem Mörser grob zerkleinern. Die Blätter des Korianders vom Stiel zupfen und fein hacken. Den Koriander für die Garnierung beiseitestellen. Die Schale einer Limette abreiben und beide Limetten auspressen.

Das Öl in einer Pfanne erhitzen und die Papadams darin nach Packungsanleitung ausbacken. Abkühlen lassen und grob zerbröseln.

In einer Schüssel die Gurke mit den Erdnüssen und dem Koriander vermengen und mit Salz, Pfeffer, dem Limettensaft und der Limettenschale abschmecken. Dann erst die Papadams unterrühren.

Den Salat auf kleine Schüsseln verteilen, mit dem restlichen Koriander bestreuen und sofort servieren.

GELBES THAICURRY 🖊🖊

mit selbstgemachtem Kichererbsentofu und Kurkuma

Ursprünglich war unser Kichererbsentofu in frittierter Form für das burmesische Curry gedacht. Dann haben wir in der Küche aber immer wieder festgestellt, dass er roh mindestens genauso gut schmeckt. Deshalb hat Martin dieses gelbe Kichererbsencurry gezaubert, das sich mit dem rohen Tofu perfekt ergänzt.

Curry

200 g Kichererbsen, getrocknet
200 g Zucchini, ersatzweise
   rote Paprikaschote
   oder Aubergine
800 ml Kokosmilch
3 EL gelbe Currypaste
2 Knoblauchzehen
50 g Ingwer
1 TL Kurkuma, gemahlen
2 EL Sojasauce
3 EL Erdnussöl
100 ml Wasser zum Ausspülen
   der Kokosmilchdosen
Salz

15 g Koriander, frisch
320 g thailändischer Duftreis
Kichererbsentofu

Für das Curry

Variante 1: Die Kichererbsen über Nacht in Wasser einweichen, am nächsten Tag 30 bis 45 Minuten köcheln und abtropfen lassen.
Variante 2: Die Kichererbsen mit einem Teelöffel Natron und doppelt so viel Wasser wie Kichererbsen rund 60 Minuten lang köcheln und dann abtropfen lassen.

Die Zucchini waschen, von den Enden befreien und in einen halben Zentimeter große Stücke schneiden. Den Ingwer und Knoblauch schälen und fein hacken. Die Korianderblätter von den Stielen zupfen und grob hacken.

Das Öl in einem Topf erhitzen. Den Knoblauch und die Currypaste darin unter ständigem Rühren zwei Minuten lang anschwitzen. Anschließend die abgetropften Kichererbsen hinzufügen und für weitere zwei Minuten mitdünsten. Kokosmilch und Ingwer dazugeben und bei niedriger Hitze rund 45 Minuten mit geschlossenem Deckel köcheln lassen, bis die Kichererbsen bissfest sind. Dabei gelegentlich umrühren. Sollten die Kichererbsen zu viel Flüssigkeit ziehen, die leeren Kokosmilchdosen mit ein wenig Wasser füllen und zum Curry geben.

In der Zwischenzeit den Reis nach Packungsanleitung kochen.

Kurz vor Ende der Garzeit die Zucchini zum Curry geben und das Kurkuma gut einrühren. Mit der Sojasauce und Salz abschmecken.

Das Curry mit dem Reis servieren. Mit den Tofuwürfeln und den Korianderblättern garnieren.

Tipp: Der Tofu kann auch perfekt in Öl ausgebacken werden und bekommt dadurch eine großartige Textur. Dazu einfach ausreichend Sonnenblumenöl in einer Pfanne erhitzen und die Tofuwürfel darin von allen Seiten goldbraun frittieren.

gelbe Currypaste

8 rote Thai-Chilischoten, frisch
6 Knoblauchzehen
5 Thai-Schalotten
   oder 3 normale Schalotten
3 Stängel Zitronengras
4 Kaffirlimettenblätter
1 Limette, unbehandelt
3 EL Erdnussöl
jeweils 1 Stück (3 cm) frische
   Kurkuma, Galgant und Ingwer
2 TL Kreuzkümmelsamen
2 TL Koriandersamen
1 EL Kurkuma, gemahlen

Kichererbsentofu

80 g Kichererbsenmehl
   (Asialaden)
250 ml Wasser
½ TL Kurkuma, gemahlen
1 EL Sonnenblumenöl
½ TL Salz

Für die Currypaste die Kreuzkümmel- und Koriandersamen in Erdnussöl anrösten. Die Chilischoten waschen, Stielansätze und die Hälfte der Kerne entfernen, grob hacken. Die frische Kurkuma, den Galgant und Ingwer schälen und grob zerkleinern. Den Knoblauch und die Schalotten schälen. Beides in größere Stücke schneiden. Das Zitronengras waschen, die äußere Schicht entfernen und den weißen Teil grob hacken. Die mittlere Blattrippe der Kaffirlimettenblätter wegschneiden und die Blätter ebenfalls grob hacken. Limettenschale abreiben und den Saft der Limette auspressen. Alle Zutaten in einen Mixer geben und zu einer Paste verarbeiten.

Für den Tofu das Kichererbsenmehl mit dem Salz und der Kurkuma vermengen. Das Wasser in einen Kochtopf füllen und die Mischung durch ein feines Sieb in das Wasser streichen. Anschließend so lange mit einem Schneebesen verrühren, bis eine klumpfreie Flüssigkeit entsteht. Die Masse aufkochen und fünf Minuten lang leicht köcheln lassen, bis sie zähflüssig wird. In der Zwischenzeit eine Sturzform mit dem Sonnenblumenöl einfetten. Die Masse einfüllen und mit einem Teigschaber glattstreichen. Mit Klarsichtfolie bedeckt für mindestens zwei Stunden im Kühlschrank abkühlen lassen. Aus der Form stürzen und den Tofu in einen Zentimeter große Würfel schneiden.

SALAD GÀ BẠC HÀ –
VIETNAMESISCHER HÜHNERSALAT

mit Minze und schwarzem Sesam

Sprachlich wie auch inhaltlich selbst kreiert und nicht nur deshalb gern gegessen. Unsere Interpretation der vietnamesischen Küche ist an warmen Sommertagen ein heißbegehrtes Gericht am Futterkutter.

600 g Hühnerbrust
5 Stangen Sellerie
2 Gurken
4 Frühlingszwiebeln
2 EL Fischsauce
1 Limette
3 Thai-Chilischoten, frisch
   (Bird Eye)
4 EL helles Sesamöl
3 EL schwarzer Sesam

20 g Minze, frisch
15 g Koriander, frisch

Die Gurken waschen, längs halbieren und mit einem Teelöffel die Kerne herausschaben. Der Länge nach dritteln und fein schneiden. Den Sellerie waschen und der Länge nach halbieren. Ebenfalls in feine Scheiben schneiden. Die Frühlingszwiebeln von der äußeren Haut befreien und in sehr dünne Ringe schneiden. Den Stielansatz der Chilischoten entfernen. Die Chilischoten der Länge nach halbieren und mit dem Messerrücken die Kerne ausschaben. Die Kerne aufbewahren. Die halbierten Schoten fein hacken. Die Minze und den Koriander waschen, trocken schütteln, die Blätter von den Stielen zupfen und grob hacken. Die Limette auspressen.

In einer Pfanne zwei Esslöffel Sesamöl erhitzen und die Hühnerbrust darin anbraten. Gelegentlich wenden und mit einem Esslöffel Fischsauce würzen. Wenn das Huhn durch ist, aus der Pfanne nehmen und in mundgerechte Stücke schneiden.

Die Fleischstücke in einer Schüssel mit dem Gemüse vermengen und mit einem weiteren Esslöffel Fischsauce, drei Esslöffel Limettensaft, den Chilischoten und dem restlichen Sesamöl würzen. Mit dem schwarzen Sesam bestreuen. Wer es scharf mag, kann behutsam ein paar Kerne der Chilischoten hinzugeben.

Den Salat auf einer Platte anrichten und großzügig mit der Minze und dem Koriander garnieren.

GEEISTE GURKEN-MELONEN-SUPPE *

mit Wasabischaum und Ingwer

Mit diesem und zwei weiteren Vorspeisengerichten begann einst die Reise des Futterkutters. Bevor wir losradeln konnten, haben wir uns damit auf einem Innsbrucker Stadtteilfest vorgestellt.

Espumaflasche

Suppe
1 Honigmelone
4 Gurken
150 ml Reiswein (Sake)
20 g Koriander, frisch
30 g Ingwer
1 EL Zucker
1 Limette, unbehandelt
1 Thai-Chilischote, frisch
Salz

Schaum
1 EL Wasabipaste
125 ml Sahne
Salz

Die Honigmelone schälen, halbieren, entkernen und in kleine Würfel schneiden. Die Gurken waschen, schälen, von den Enden befreien und samt den Kernen würfeln. Den Koriander waschen, trocken schütteln und samt Stängel grob hacken. Den Ingwer schälen und in dünne Scheiben schneiden. Die Chilischote längs halbieren und mit dem Messerrücken die Kerne herausschaben. Die Schale der Limette abreiben und den Saft auspressen.

Für die Suppe die gewürfelte Melone zusammen mit den Gurkenstücken, dem Limettenabrieb und dem Limettensaft in einem Mixer sehr fein mixen. Den Zucker in einem kleinen Topf verteilen und bei mittlerer Hitze schmelzen, nicht karamellisieren lassen. Wenn der Zucker flüssig ist, den Reiswein zugeben und so lange rühren, bis der Zucker wieder geschmolzen ist. Den Ingwer, den Koriander und die Chilischote hinzufügen und für fünf Minuten leicht köcheln lassen. Diesen Ansatz durch ein feines Sieb passieren, leicht ausdrücken und in einer Schale auffangen. Abkühlen lassen, in die Gurken-Melonen-Mischung rühren und behutsam salzen. Die Suppe rund 45 Minuten im Gefrierschrank kalt stellen.

Für den Wasabischaum in der Zwischenzeit die Wasabipaste und die Sahne mit einer Gabel oder einem kleinen Schneebesen gründlich vermengen. Die Mischung leicht salzen und in eine Espumaflasche füllen. Verschließen, eine Patrone einschrauben, gut schütteln und auf Eiswasser kalt stellen. Gelegentlich kräftig schütteln. Wer keine Espumaflasche zur Hand hat, schlägt die Wasabimischung mit dem Handmixer steif.

Wenn die Suppe geeist ist, auf kleine Schälchen verteilen, mit dem Wasabischaum aus der Espumaflasche dekorieren und sofort servieren.

BAZOOKA CHICKEN

mit Joghurt und Kreuzkümmel

Bazooka Chicken ist eines jener Gerichte, dessen ursprünglichen Namen wir leider nicht aussprechen können. Deshalb haben es Tom und Georg kurzerhand umgetauft. So einfach geht's und jeder weiß, was gemeint ist, oder?

600 g Hühnerbrust
3 Tomaten
250 g Joghurt, 50 g davon fürs
   Servieren beiseitestellen
3 Zwiebeln
5 Knoblauchzehen
40 g Ingwer
3 EL Butterschmalz
1 ½ EL Garam Masala
1 EL Kurkuma, gemahlen
1 ½ EL Koriandersamen, gemahlen
1 ½ EL Kreuzkümmel, gemahlen
Zimt, gemahlen
Muskatnuss
1 EL Bockshornkleesamen
1 Prise brauner Zucker
½ Zitrone
Salz

10 g Minze, frisch
10 g Koriander, frisch
(2 grüne Thai-Chilischoten, frisch,
   Bird Eye)

320 g Basmatireis

Die Hälfte des Knoblauchs und Ingwers schälen und in der Küchenmaschine oder einem Mörser zu einer Paste verarbeiten. Das Huhn in mundgerechte Stücke schneiden, mit der Knoblauch-Ingwer-Paste, dem Garam Masala, der Hälfte der Bockshornkleesamen, einer Prise Zimt, einer Prise Muskatnuss, einem halben Esslöffel Koriandersamen und einem halben Esslöffel Kreuzkümmel verrühren und für mindestens eine Stunde (besser noch über Nacht) im Kühlschrank marinieren lassen.

Nun auch den restlichen Knoblauch und den restlichen Ingwer schälen und zu einer Paste verarbeiten. Eine Zwiebel klein hacken, die zwei anderen Zwiebeln in grobe Stücke teilen. Die Tomaten sehr klein schneiden oder pürieren.

Zwei Esslöffel Butterschmalz in einem Topf erhitzen und die gemahlenen Koriandersamen mit der Kurkuma, dem Kreuzkümmel und dem Rest der Bockshornkleesamen gut einrühren. Sobald die ersten Aromen aufsteigen, sofort die Knoblauch-Ingwer-Paste und die gehackte Zwiebel hinzugeben und mitanbraten. Diese Grundpaste mit einem Schuss Wasser und den klein gehackten Tomaten ablöschen. Eine Prise braunen Zucker, Salz und die grob gehackten Zwiebeln hinzugeben und rund 15 Minuten köcheln lassen.

Während die Grundsauce köchelt, den Reis aufsetzen und das Huhn mit einem Esslöffel Butterschmalz in einer Pfanne gerade so lange anbraten, dass die Gewürze nicht verbrennen. Das Fleisch darf innen noch roh sein, es wird später noch weiter durchgaren.

Das Joghurt nach und nach in die Sauce einrühren, damit sie nicht zu viel Hitze verliert. Dann das angebratene Huhn hinzugeben. So lange kochen lassen, bis das Huhn durch, aber noch saftig ist. (Die Zeit variiert je nach Größe der Hühnerstücke.)

Das fertige Curry mit Salz und Zitrone abschmecken. Mit dem Reis, der Minze, dem Koriander und einem Esslöffel Joghurt servieren. Ganz Scharfe fügen noch etwas gehackte, grüne Chili hinzu.

CHANA MASALA – INDISCHES KICHERERBSENCURRY ✐✐

mit Garam Masala und Chili

Indisches Essen und frisches, knackiges Gemüse schließen sich oft aus. Wir haben hier ein veganes Rezept für dich, das lange gekocht werden kann und trotzdem frisch und knackig bleibt.

300 g Kichererbsen, getrocknet
2 Dosen Tomaten in Stücken,
  2 x 400 g
25 g Ingwer
4 Knoblauchzehen
1 Zwiebel
1 Thai-Chilischote, frisch (Bird Eye)
1 EL Garam Masala
1 TL Kreuzkümmel, gemahlen
1 TL Kurkuma, gemahlen
4 EL Butterschmalz
  oder Sonnenblumenöl
1 Dose Wasser zum Ausspülen
  der Tomatendosen
Salz

15 g Koriander, frisch
320 g Basmatireis

Variante 1: Die Kichererbsen über Nacht in Wasser einweichen, am nächsten Tag 30 bis 45 Minuten köcheln und abtropfen lassen.
Variante 2: Die Kichererbsen mit einem Teelöffel Natron und doppelt so viel Wasser wie Kichererbsen rund 60 Minuten lang köcheln und dann abtropfen lassen.

Den Ingwer und Knoblauch schälen. Die Zwiebel schälen und fein hacken. Die Chilischote vom Stielansatz befreien, längs aufschneiden und mit der Hälfte der Kerne fein hacken. Den Koriander waschen, trocken schütteln und die Blätter abzupfen.

Den geschälten Ingwer zusammen mit dem Knoblauch, der gehackten Chilischote, dem Garam Masala, dem gemahlenen Kreuzkümmel und der Kurkuma in eine Küchenmaschine geben und zu einer glatten Paste verarbeiten.

Das Butterschmalz bei mittlerer Hitze in einer tiefen Pfanne oder einem Topf schmelzen lassen. Darin die gehackte Zwiebel zirka fünf Minuten lang anschwitzen, bis sie glasig sind. Die Gewürzpaste einrühren, die Kichererbsen hinzufügen und mit den Tomatenstücken und dem Wasser für die Tomatendosen aufgießen. Alles rund 45 Minuten leicht köcheln lassen, bis die Kichererbsen bissfest, aber nicht zu weich sind.

Den Reis nach Packungsanleitung kochen.

Das Chana Masala mit Salz abschmecken, mit Korianderblättern garnieren und einer Portion Basmatireis servieren.

SUP KAMBING –
SCHARFER FLEISCHEINTOPF
mit Bockshornkleesamen und Sternanis

Viele unserer Gerichte strotzen nur so vor Gewürzen und Kräutern. Aber dieses aus Malaysia toppt sie alle und ist der absolute Umami-Hit. Ein Löffel davon und du fliegst sofort nach Südostasien und willst nie mehr zurück.

800 g Lammschulter,
  ersatzweise Rinderschulter
200 ml Kokosmilch
1 l Rinderbrühe
3 EL Sonnenblumenöl
30 g Galgant
6 Schalotten
15 g (rund 6 Zehen) Knoblauch
2 Thai-Chilischoten, frisch (Bird Eye)
2 schwarze Kardamomkapseln
  (Asialaden)
1 Sternanis
1 Zimtstange
½ TL Koriandersamen
½ TL Bockshornkleesamen
½ TL schwarze Senfsamen
½ TL Fenchelsamen
½ TL Currypulver
½ TL Kurkuma, gemahlen
½ TL Kreuzkümmel, gemahlen
½ TL Pfeffer, gemahlen
Salz

15 g Koriander, frisch
3 EL Schalotten, frittiert
  (Asialaden)

320 g thailändischer Duftreis

Das Fleisch waschen, trocknen und in zwei Zentimeter große Würfel schneiden. Die Schalotten und den Knoblauch schälen und grob würfeln. Den Galgant schälen und in dünne Scheiben schneiden. Den Koriander waschen, trocknen und die Blätter grob hacken. Die Chilischoten mit den Kernen klein hacken.

Die Schalotten mit dem Knoblauch, dem Galgant, den Chilischoten und den Koriandersamen in einem Mixer oder Mörser zu einer gleichmäßigen Paste verarbeiten. Das Öl in einem Topf erhitzen und Bockshornklee-, Fenchel- und schwarze Senfsamen darin kurz anschwitzen, bis sie anfangen zu duften. Die Schalotten-Knoblauch-Paste, das Currypulver, den Kreuzkümmel, die Kurkuma und den Pfeffer hinzufügen und gut verrühren. Die Mischung in eine Schüssel geben und abkühlen lassen. Das Fleisch untermengen und für mindestens zwei Stunden im Kühlschrank marinieren.

Die Rinderbrühe in einem großen Topf erhitzen. Den Sternanis, die Kardamomkapseln und die Zimtstange mit dem marinierten Fleisch samt Marinade zur heißen Brühe geben, salzen, umrühren und bedeckt für zwei Stunden leicht kochen. Die Kokosmilch unterrühren und weitere 30 Minuten köcheln lassen.

In der Zwischenzeit den Reis nach Packungsanleitung kochen.

Den Sternanis, die Kardamomkapseln und die Zimtstange entfernen und den scharfen Eintopf mit Salz abschmecken. Zusammen mit dem Reis auf Tellern anrichten und mit den frittierten Schalotten und dem Koriander bestreuen.

PHỞ BÒ SỐT VANG – GESCHMORTES RINDFLEISCH

mit schwarzem Kardamom und Reisbandnudeln

Klassische Pho Bo oder Pho Ga, wie sie die meisten kennen, servieren wir am Futterkutter natürlich auch. Wer allerdings tiefer in die vietnamesische Küche eintauchen und seinen Gaumen fordern will, der zeigt in Hanoi mit dem Finger auf die Speisekarte und lässt sich überraschen – oder kocht dieses Gericht.

500 g Rinderschulter
4 Karotten
400 g Reisbandnudeln
2 Schalotten
1 Knoblauchzehe
1 EL Tomatenmark
2 EL Sonnenblumenöl
100 ml Rotwein
800 ml Rinderfond
6 EL Fischsauce
1 kleine Zimtstange
1 Sternanis
1 Kapsel schwarzer Kardamom
1 EL Zucker
1 TL Pfeffer, grob gemahlen

15 g Koriander, frisch

Den Zimt, Sternanis und Kardamom nacheinander in einer kleinen Pfanne bei mittlerer Hitze trocken anrösten, bis die Gewürze zu duften beginnen. Die Schalotten und den Knoblauch schälen und fein hacken. Das Fleisch waschen, trocken tupfen und in drei Zentimeter große Würfel schneiden. Die Karotten schälen und schräg in drei Millimeter dicke Scheiben schneiden. Den Koriander waschen, trocken schütteln und die Blätter abzupfen.

Vier Esslöffel Fischsauce mit dem Pfeffer, Zucker und der Hälfte der fein gehackten Schalotten und des Knoblauchs vermengen. Das Fleisch darin für mindestens zwei Stunden abgedeckt im Kühlschrank marinieren lassen. Aus der Marinade nehmen und auf Küchenkrepp abtropfen lassen. Die Marinade aufbewahren.

In einem Schmortopf die restlichen Schalotten mit dem Knoblauch im Öl anschwitzen. Das Fleisch nach und nach hinzugeben und bei hoher Hitze von allen Seiten anbraten. Anschließend das Tomaten-mark einrühren und mit der Marinade, zwei Esslöffel Fischsauce, dem Rotwein und dem Rinderfond angießen. Die Gewürze hinzugeben, alles aufkochen lassen und den eventuell aufsteigenden Schaum abschöpfen. Einen Deckel aufsetzen und bei kleiner Hitze rund zwei Stunden, oder bis das Fleisch zart ist, langsam schmoren lassen.

Zehn Minuten vor Ende der Kochzeit die Gewürze aus dem Topf ent-fernen und die Karotten hinzugeben.

Die Nudeln nach Anleitung kochen und sofort in Schüsseln verteilen. Den Rindfleischeintopf darüberschöpfen und mit dem gehackten Koriander servieren.

PAV BHAJI – GEMÜSECURRY ♂♂

mit roten Zwiebeln, Butter und Brot

In den Straßen von Mumbai wird dieses Curry in großen, sehr flachen Stahlwannen zubereitet. Nachdem es die aber in unserer Küche nicht gibt, wurde einfach mit dem Futterkutter-Duden übersetzt: Stahlwanne = großer Topf / großer Topf = Stahlwanne. Wie so vieles bei uns.

Curry

8 Tomaten

600 g Kartoffeln

2 grüne Paprikaschoten

2 rote Zwiebeln

200 g Erbsen

5 EL Butterschmalz oder
   Sonnenblumenöl

2 Knoblauchzehen

2 EL Bockshornkleesamen

2 EL Pav-Bahji-Masala

½ EL Kreuzkümmel, gemahlen

½ EL Koriandersamen, gemahlen

1 Prise Zimt, gemahlen

1 Prise Muskatnuss

½ EL Kurkuma, gemahlen

40 g Ingwer

15 g Koriander, frisch

1 Zitrone

Salz

Pav-Bhaji-Masala

2 Kapseln schwarzer Kardamom

4 EL Koriandersamen

2 EL Kreuzkümmelsamen

1 EL Fenchelsamen

1 EL Pfefferkörner

5 rote Chilischoten, getrocknet

1 Zimtstange

6 Nelken

½ EL Sumach

1 rote Zwiebel

1 Zitrone

15 g Koriander, frisch

Butter

Weißbrot

Für das Masala alle Gewürze zusammen anrösten, bis sie zu duften beginnen, und dann im Mörser oder in der Gewürzmühle zerkleinern.

Für das Curry die Kartoffeln kochen und schälen. Das Gemüse bis auf die Erbsen möglichst klein schneiden. Den Knoblauch und Ingwer fein hacken oder in einer Küchenmaschine zu einer Paste verarbeiten. Die Korianderblätter von den Stielen trennen und die Stiele fein hacken. Die Hälfte der Korianderblätter zum Garnieren beiseitelegen. Eine Zitrone auspressen, die andere in Spalten schneiden.

Das Butterschmalz oder Öl in einen Topf geben und erhitzen. Die Hälfte der Gewürze, die roten Zwiebeln, die Korianderstiele, den Knoblauch und Ingwer hinzugeben und so lange anbraten, bis alles aromatisch duftet und Farbe annimmt. Mit den gehackten Tomaten ablöschen, das restliche Gemüse dazugeben und salzen. Mit Deckel rund 20 Minuten lang kochen lassen.

Das weiche Gemüse anschließend mit einer Gabel leicht zerdrücken und die restlichen Gewürze, den Saft einer halben Zitrone und die Hälfte der Korianderblätter hinzugeben. Falls die Konsistenz zu fest ist, mit etwas Wasser verdünnen. Den Deckel wieder aufsetzen und für weitere 15 Minuten köcheln lassen. Das Gemüse sollte jetzt so weich sein, dass man es mit einem Kartoffelstampfer zu einer grob-sämigen Masse zerstampfen kann. Abermals mit etwas Wasser verdünnen, falls das Püree zu fest ist, und mit Salz und Zitrone abschmecken.

Garniert wird das indische Street Food mit einer klein geschnittenen rohen roten Zwiebel, den restlichen Korianderblättern, einer Spalte Zitrone und einem Stück Butter auf dem warmen Bhaji. Dazu isst man Pav, ein indisches Weißbrot, das unserem Toast ähnelt und mit Butter und Pav-Bhaji-Masala angebraten wird.

KAO POUN – LAOTISCHER NUDELEINTOPF
mit Hackfleisch und Kokosmilch

Eines von Georgs Futterkutter-Highlights. Er beschreibt es so: „Das Spiel mit Texturen, die Balance der Geschmacksrichtungen und dann noch die Minze, das Thai-Basilikum und der Koriander obendrauf – ein Feuerwerk im Mund, das dich mitnimmt nach Fernost."

Eintopf

400 g gemischtes Hackfleisch
  von Rind und Schwein
300 g Reisbandnudeln
1 Zwiebel
800 ml Kokosmilch
1 EL rote Currypaste
2 EL Fischsauce
2 EL Erdnussöl
5 Kaffirlimettenblätter
2 Stängel Zitronengras
30 g Galgant
200 g Sojasprossen
1 mittlere Karotte
15 g Koriander, frisch
15 g Minze, frisch
15 g Thai-Basilikum, frisch
1 Limette

rote Currypaste

10 rote Thai-Chilischoten, frisch
20 kleine getrocknete rote
  Chilischoten
6 Korianderwurzeln mit Stielen,
  ohne Grün (Asialaden)
6 Thai-Schalotten oder
  4 normale Schalotten
6 Knoblauchzehen
2 EL Thai-Fischsauce
1 EL Garnelenpaste
3 EL Erdnussöl
30 g Galgant
2 Stängel Zitronengras
5 Kaffirlimettenblätter
2 TL Kreuzkümmelsamen
2 TL Koriandersamen
½ TL Pfeffer, frisch gemahlen

Für die Currypaste die kleinen getrockneten Chilischoten vom Stielansatz befreien, in eine hitzebeständige Schüssel geben, mit kochendem Wasser übergießen und 15 bis 30 Minuten einweichen lassen. Währenddessen die Kreuzkümmel- und Koriandersamen in einer Pfanne anrösten. Die Korianderwurzeln putzen, den Knoblauch schälen und beides grob hacken. Die frischen Chilischoten waschen und Stielansätze sowie Kerne entfernen. In grobe Stücke schneiden. Den Galgant schälen und grob hacken. Das Zitronengras waschen, die äußere Schicht entfernen und den weißen Teil grob hacken. Die Schalotten schälen und halbieren. Die mittlere Blattrippe der Kaffirlimettenblätter wegschneiden und die Blätter grob hacken. Die eingeweichten Chilischoten in ein Sieb abgießen. Alle Zutaten in einen Mixer geben und zu einer Paste verarbeiten.

Für den Nudeleintopf die Zwiebel schälen und fein hacken. Das Zitronengras schälen und der Länge nach halbieren. Den Galgant in Scheiben schneiden. Den Koriander, die Minze und das Thai-Basilikum waschen, trocken schütteln und hacken. Die Karotte schälen und grob reiben. Die Limette auspressen. Zuletzt die Sojasprossen säubern und waschen. Die Nudeln nach Packungsanleitung kochen und mit kaltem Wasser abschrecken.

Das Öl in einem Topf erhitzen und die gehackte Zwiebel darin drei Minuten lang anschwitzen. Das Hackfleisch mit der Fischsauce, der Currypaste und der Kokosmilch hinzufügen und gut umrühren. Das Zitronengras, die Kaffirlimettenblätter und den Galgant zugeben und für zwei Minuten aufkochen. Einen halben Liter Wasser angießen, erhitzen und anschließend 30 bis 45 Minuten sanft köcheln lassen.

Den Eintopf am Ende der Garzeit mit Fischsauce abschmecken und zusammen mit den Reisnudeln, den Sojasprossen, der geriebenen Karotte und den Kräutern servieren. Mit Limettensaft verfeinern.

GUAI THIAU NAAM MUH DÄNG – NUDELSUPPE

mit rotem Schweinefilet und Sojasprossen

Im Laufe der Zeit sind in der Kutterküche und auch am Stand unweigerlich alle möglichen Spitznamen für unsere Gerichte entstanden. Diese Suppe ist eines davon. Guai Thiau Naam Muh Dängh ist gleich Bäng Bäng. Oder wie Pumuckl schon immer sagte: „Das reimt sich, und was sich reimt, ist gut."

500 g Schweinefilet
200 g Reisbandnudeln
200 g Sojasprossen
1,3 l Rinderbrühe
4 EL Tomatenketchup
2 EL Zucker
3 EL Fischsauce
1 EL Öl
60 g Koriander mit Wurzel, frisch (Asialaden)
1 ½ TL Pfeffer, frisch gemahlen

3 Knoblauchzehen
15 g Koriander, frisch

Das Schweinefilet kalt abspülen, trocknen und von den Sehnen befreien. Der Länge nach halbieren und mit einer Gabel einige Male einstechen. Den Knoblauch schälen, fein hacken und beiseitestellen. Den Koriander für die Garnierung waschen, trocken schütteln, die Blätter abzupfen und kühl stellen.

Für die Marinade den restlichen Koriander (mitsamt den Stielen und Wurzeln) mit dem Pfeffer in einem Mörser zerstoßen und anschließend mit dem Ketchup, Zucker und zwei Esslöffel Fischsauce in einer Schüssel verrühren.

Das Schweinefleisch mit der Marinade bestreichen und für mindestens zwei Stunden zugedeckt in den Kühlschrank stellen.

Das Öl erhitzen, den Knoblauch darin bei mittlerer Hitze goldgelb anbraten und auf einem Teller beiseitestellen.

Den Backofen auf 200 Grad vorheizen. Ein Backblech mit Öl bepinseln, das Fleisch darauflegen, mit Öl beträufeln, mit Backpapier abdecken und rund 15 bis 20 Minuten im Backofen garen lassen.

Die Nudeln kochen und mit kaltem Wasser abschrecken.

Die Rinderbrühe erwärmen und mit einem Esslöffel Fischsauce salzen. Das Fleisch aus dem Backofen nehmen und gegen die Faser in einen halben Zentimeter dicke Stücke schneiden.

Die Nudeln, Sojasprossen und das Fleisch in Schüsseln schichten, die Suppe angießen und mit den Korianderblättern und dem goldbraunen Knoblauch servieren.

PAD NÜA PRIK THAI OON – SCHARFES RINDFLEISCH

mit frischem grünem Pfeffer und Thai-Basilikum

Es gab diese Zeit, in der nur Lieferservice erlaubt war und die auch uns dazu gezwungen hat, kreativ zu werden. Zusätzlich zu unserem regulären Mittagsgeschäft haben wir deshalb an den Wochenenden Themenabende angeboten. Dieses Gericht stammt von einem dieser Abende. Welches Thema war das wohl?

Rindfleisch

500 g Filet oder Hüftsteak vom Rind

1 rote Paprikaschote

100 g grüne Bohnen

1 Zwiebel

30 ml Wasser

150 g grüner Pfeffer, frisch (Asialaden)

15 g Galgant

2 Knoblauchzehen

3 Kaffirlimettenblätter

2 EL grüne Currypaste

3 EL Fischsauce

2 EL helle Sojasauce

1 EL süße Sojasauce

5 EL Erdnussöl oder Sonnenblumenöl

1 EL Zucker

80 g Thai-Basilikum, frisch (Asialaden)

320 g thailändischer Duftreis

Für das Rindfleisch das Fleisch abwaschen, trocken tupfen und in etwa vier Zentimeter lange und einen Zentimeter breite Stücke teilen. Die Paprikaschote waschen, Stiel und weiße Trennwände entfernen, vierteln und in dünne Streifen schneiden. Die grünen Bohnen von den Enden befreien und in einen Zentimeter schräge Stücke schneiden. Den grünen Pfeffer vorsichtig abwaschen und in etwa drei Zentimeter lange Stücke teilen.

Die Zwiebel schälen, halbieren und in dünne Halbmonde schneiden. Den Galgant waschen und in feine Stücke hacken, den Knoblauch schälen und ebenfalls fein hacken. Die Blätter des Thai-Basilikums von den Stielen zupfen und in grobe Stücke teilen. Die mittlere Blattrippe der Kaffirlimettenblätter wegschneiden und die Blätter in sehr feine Streifen schneiden.

Zwei Esslöffel Öl in einer Pfanne erhitzen und das Fleisch darin von allen Seiten scharf anbraten. Nach etwa drei Minuten auf einem Teller beiseitestellen.

Den Reis nach Packungsanleitung kochen.

Inzwischen drei Esslöffel Öl in einem Wok oder in derselben Pfanne erhitzen und darin den Knoblauch mit der Currypaste bei mittlerer Hitze anbraten und gut verrühren. Diesen Ansatz mit den beiden Sojasaucen und zwei Esslöffel Fischsauce ablöschen. Den Galgant, die Kaffirlimettenblätter, das Wasser und den Zucker hinzufügen und für rund acht Minuten köcheln lassen. Nun die Paprika und mit den grünen Bohnen, der Zwiebel und dem grünen Pfeffer unterrühren und für drei weitere Minuten bissfest garen und mit der Fischsauce salzen. Das Fleisch zurück in die Pfanne zum Gemüse geben und kurz erwärmen.

Mit dem Thai-Basilikum bestreuen und in der Pfanne servieren. Den Reis separat dazu in einer Schüssel auf den Tisch stellen.

grüne Currypaste

16 grüne Thai-Chilischoten, frisch
   (Bird Eye)
6 Thai-Schalotten oder
   3 normale Schalotten
6 Korianderwurzeln mit
   Stielen und Grün (Asialaden)
6 Knoblauchzehen
4 Frühlingszwiebeln
je 20 g Galgant und Ingwer
3 Stängel Zitronengras
6 Kaffirlimettenblätter
1 EL Garnelenpaste (Asialaden)
1 Limette, unbehandelt
3 EL Erdnussöl
1 EL Kreuzkümmelsamen
1 EL Koriandersamen
1 TL Pfeffer, frisch gemahlen

Für die Currypaste die Kreuzkümmel- und Koriandersamen in Erdnussöl anrösten. Die Korianderwurzeln putzen, den Knoblauch, Galgant und Ingwer schälen und alles grob hacken. Das Zitronengras waschen, die äußere Schicht entfernen und den weißen Teil grob zerkleinern. Die Schalotten schälen und halbieren. Die mittlere Blattrippe der Kaffirlimettenblätter wegschneiden und die Blätter grob hacken. Die Chilischoten waschen, Stielansätze und die Hälfte der Kerne entfernen und ebenfalls grob hacken. Die Frühlingszwiebeln putzen und den hellgrünen und weißen Teil klein schneiden. Die Limette reiben und den Saft auspressen. Alle Zutaten in einen Mixer geben und zu einer Paste verarbeiten.

KALTE KOKOSSUPPE

mit Ananassorbet und Passionsfruchtschaum

Gibt es dieses Gericht in Kambodscha wirklich? Keine Ahnung. Die Früchte sind jedenfalls auf den Märkten erhältlich, und so liegt die Vermutung nah, dass sie schon andere vor uns zu einer ähnlichen Süßspeise angeregt haben.

Espumaflasche

Suppe
600 ml Kokosmilch
80 g Zucker
30 g Sago
4 cl Kokoslikör
1 Vanilleschote
1 Limette, unbehandelt
1 Thai-Chilischote, frisch

Sorbet
500 ml Ananassaft
150 g Zucker
100 ml Wasser
2 Blatt Gelatine
1 Orange, unbehandelt
1 Limette, unbehandelt
1 Zimtstange
2 Nelken
1 Sternanis

Schaum
300 ml Passionsfruchtsirup
3 Eier
3 Blatt Gelatine

100 g Himbeeren
15 g Minze

Für die Suppe das Sago in kaltem Wasser einweichen. Die Schale der Limette abreiben und den Saft auspressen. Die Chilischote längs halbieren und die Kerne auskratzen. Das Mark der Vanille herausschaben, die ausgekratzte Vanilleschote aufbewahren. Für das Sorbet die Gelatine in kaltem Wasser einweichen. Die Schalen der Limette und der Orange abreiben. Die Gelatine für den Schaum in kaltem Wasser einweichen. Die Eier trennen. Die Blätter der Minze abzupfen.

Für die Suppe den Zucker in einem Topf leicht karamellisieren. Das Vanillemark, die Chilischote, den Limettensaft und die Limettenschale zugeben und mit Kokosmilch aufgießen. Das Sago abseihen, in die Kokosmilch einrühren und für mindestens 15 Minuten leicht köcheln lassen. Die Chilischote entfernen und die Suppe anschließend so lange im Kühlschrank abkühlen lassen, bis sie eiskalt ist. Mit dem Kokoslikör verfeinern.

Für das Sorbet 100 Milliliter Wasser zusammen mit dem Zucker, der Zimtstange, den Nelken, dem Sternanis, der Orangen- und Limettenschale sowie der ausgekratzten Vanilleschote aufkochen und mindestens fünf Minuten köcheln lassen. Die Gewürze entfernen und anschließend etwas abkühlen. Die Gelatine gut ausdrücken und darin auflösen. Mit dem Ananassaft mischen, abermals abkühlen und im Tiefkühler oder einer Eismaschine gefrieren lassen. Im Gefrierschrank muss das Sorbet in regelmäßigen Abständen mit einem Löffel umgerührt werden.

Für den Schaum in einem Topf 50 Milliliter des Sirups erhitzen und die eingeweichte, gut ausgedrückte Gelatine darin auflösen. Die Eiweiße, den restlichen Passionssirup und die aufgelöste Gelatine gut vermengen und durch ein Sieb in eine Espumaflasche füllen. Diese verschließen, nacheinander zwei Patronen einschrauben, gut schütteln und auf Eiswasser kalt stellen. Gelegentlich kräftig schütteln.

Einen Teil der Himbeeren in Gläsern verteilen und die kalte Suppe angießen. Mit einer Nocke Ananassorbet, den restlichen Himbeeren und dem Passionsschaum anrichten. Mit der Minze garnieren.

NAMIBIA

MAROKKO

ÄGYPTEN

SÜDAFRIKA

AFRIKA

NAMIBISCHE BUTTERNUSSKÜRBISSUPPE

mit Curry und Apfel

Kürbissuppenrezepte gibt's wie Sand am Meer, aber keiner wird so recht glücklich damit. Das soll nun anders werden. Wir präsentieren: eine Kürbissuppe, die Spaß macht. Versprochen!

2 mittelgroße Butternusskürbisse
1 säuerlicher Apfel
  (Elster, Boskoop)
2 Zwiebeln
50 g Butter
750 ml Gemüsebrühe
500 ml Milch
50 ml Weißwein
1 Knoblauchzehe
1 EL brauner Zucker
1 EL Curry
Muskatnuss
½ TL Kreuzkümmel, gemahlen
Pfeffer, frisch gemahlen
Salz

50 g geräucherte Entenbrust,
  in Scheiben
50 ml Sahne
15 g Petersilie, frisch

Den Backofen auf 130 Grad vorheizen. Die Butternusskürbisse und den Apfel schälen, entkernen und in Würfel schneiden. Die Zwiebeln und den Knoblauch schälen und fein hacken. Die Blätter der Petersilie zupfen und ebenfalls fein hacken.

Die gewürfelten Kürbis- und Apfelstücke auf einem Backblech verteilen und mit dem braunen Zucker und dem Weißwein vermengen. Für rund 30 Minuten in den Backofen geben, damit der Kürbis seinen Geschmack besser entfalten kann.

Kurz vor Ende der Backzeit die Butter in einem Topf erhitzen und die Zwiebeln mit dem Knoblauch darin anschwitzen. Das Curry-pulver einrühren. Die Kürbis- und Apfelstücke aus dem Backofen nehmen, direkt in den Topf geben und kurz mitanbraten. Mit der Gemüsebrühe auffüllen, mit Salz, dem Kreuzkümmel und einer Prise geriebener Muskatnuss würzen und die Milch eingießen. Bei offe-nem Deckel und mäßiger Hitze werden die Kürbis- und Apfelstücke nun so lange gekocht, bis sie weich sind. Gelegentlich umrühren.

Die Suppe pürieren, bis sie eine feine, cremige Konsistenz hat. Mit Salz und Pfeffer abschmecken und in tiefe Teller verteilen. Die Scheiben der geräucherten Entenbrust mittig platzieren, die Sahne mithilfe eines Esslöffels kreisförmig um die Entenbrust träufeln und mit der Petersilie dekorieren.

MAROKKANISCHER KARTOFFELTOPF ✏✏

mit Datteln, Rosinen und getrockneten Marillen

Achtung, Zungenbrecher! Bitte den Namen dieses Gerichts zehnmal hintereinander schnell und laut aussprechen. Genau, bei uns heißt es auch Kartoffelkopf. Und was hier im Kopf passiert, darf auch bleiben, nämlich Süße gepaart mit einer leichten Schärfe und einem wohligen Grinsen.

Eintopf

500 g Kartoffeln

125 g Kichererbsen, getrocknet

1 Karotte

1 Zwiebel

1 Knoblauchzehe

1 Dose Tomaten in Stücken

40 g Marillen, getrocknet

40 g Rosinen

40 g Datteln, getrocknet
  und entkernt

1 EL Olivenöl

750 ml Gemüsebrühe

1 EL Harissapaste oder
  Harissapulver

½ TL Salz

Gewürzmischung

1 TL Kreuzkümmel, gemahlen

1 TL Koriander, gemahlen

1 TL Cayennepfeffer

1 TL Kurkuma, gemahlen

½ TL Muskatnuss, gemahlen

½ TL Nelken, gemahlen

200 g Naturjoghurt

Variante 1: Die Kichererbsen über Nacht in Wasser einweichen, am nächsten Tag 30 bis 45 Minuten köcheln und abtropfen lassen. Variante 2: Die Kichererbsen mit einem Teelöffel Natron und doppelt so viel Wasser wie Kichererbsen rund 60 Minuten lang leicht kochen und abtropfen lassen.

Für die Gewürzmischung in einer Schüssel den Kreuzkümmel, Koriander, Cayennepfeffer und die Kurkuma mit der Muskatnuss und den Nelken verrühren.

Für den Eintopf die Kartoffeln schälen und in zirka zwei Zentimeter große Stücke würfeln. Die Karotte schälen und in Scheiben schneiden. Die Zwiebel und den Knoblauch schälen und fein hacken. Die Marillen, Rosinen und Datteln in dünne Streifen schneiden.

Das Öl erhitzen und die Zwiebeln darin mit dem Knoblauch, dem Harissa und der Gewürzmischung drei Minuten andünsten. Die Kartoffeln zugeben und kurz anschwitzen, dann mit der Gemüsebrühe und den Tomaten ablöschen. Aufkochen lassen und rund zehn Minuten leicht köcheln. Die Trockenfrüchte mit den Karotten und Kichererbsen hinzufügen und für weitere 45 Minuten sanft köcheln lassen.

Mit Salz abschmecken und mit einem Klecks Joghurt servieren.

ÄGYPTISCHE HÜHNERSUPPE

mit Zitrone und Thymian

Martin hat so einige Rezepte zur Reise des Futterkutters hinzugefügt, die neue Geschmackswelten eröffnen. Auch dieses Gericht überrascht: Die Kurkuma und der Thymian balancieren die Zitrone so perfekt aus, dass man einfach nur weiterschlürfen will.

600 g Hühnerbrust
4 mittlere Kartoffeln
4 Karotten
1 Stange Sellerie
2 Zwiebeln
1 Lorbeerblatt
5 Zweige Thymian
2 Zitronen
½ TL Kurkuma, gemahlen
Pfeffer, frisch gemahlen
Salz

15 g Koriander, frisch

Die Hälfte der Karotten schälen und der Länge nach halbieren. Die andere Hälfte schälen und in grobe Scheiben schneiden. Die Hühnerbrust waschen. Die Zwiebeln und Kartoffeln schälen und grob würfeln, den Sellerie säubern und in Halbmonde schneiden. Die Zitronen auspressen.

Die Hühnerbrust zusammen mit den längs geschnittenen Karotten, der Zwiebel, dem Lorbeerblatt und den Thymianzweigen in einen großen Topf geben. Mit kaltem Wasser bedecken, erhitzen und rund eine Stunde köcheln lassen.

Die Suppe abseihen und das Fleisch beiseitelegen. Das klein geschnittene Gemüse zur abgeseihten Suppe geben und mit Kurkuma, Salz, Pfeffer und dem Zitronensaft abschmecken. Das Fleisch in kleine Würfel schneiden und ebenfalls hinzufügen. Weitere 35 Minuten leicht köcheln lassen. Mit dem Koriander servieren.

AFRIKANISCHE ERDNUSSSUPPE 🌿🌿

mit Lauch und Cayennepfeffer

Es gibt Gerichte, die nicht zu unseren Favoriten zählen. Das hier ist eines davon. Viele unserer Futterkutter-Gäste sehen das aber ganz anders, weshalb die Suppe hier trotzdem ihren Platz gefunden hat. Welchem Team schließt du dich an?

2 Süßkartoffeln
2 Zwiebeln
2 Lauchstangen
40 g Mehl
1,3 l Gemüsebrühe
400 ml Kokosmilch
1 EL Erdnussöl
½ Zitrone
2 EL Tomatenmark
3 EL Erdnussbutter
Cayennepfeffer
Pfeffer, frisch gemahlen
Salz

Erdnüsse, ungesalzen
etwas Lauchgrün

Die Zwiebeln schälen und in kleine Würfel schneiden. Den Lauch waschen, einen kleinen Teil des Grüns beiseitelegen und fein hacken. Den anderen Teil des Lauchs in schmale Ringe schneiden. Die Süßkartoffeln schälen und in kleine Würfel schneiden. Die Zitrone auspressen. Die Erdnüsse in etwas Fett rösten und hacken.

Die Zwiebeln, Lauchringe und Süßkartoffelwürfel im Erdnussöl andünsten. Mit dem Mehl bestäuben, das Tomatenmark zugeben, gut unterrühren und kurz mitrösten. Mit der Kokosmilch und der Gemüsebrühe ablöschen, salzen und aufkochen lassen. Für etwa 20 Minuten bei geöffnetem Deckel leicht köcheln, bis die Süßkartoffeln gar sind.

Die Erdnussbutter, eine Prise Cayennepfeffer und einen Esslöffel Zitronensaft zugeben und für weitere zehn Minuten köcheln lassen. Die Suppe anschließend mit einem Pürierstab fein pürieren und mit Salz und Pfeffer abschmecken. Mit dem Lauchgrün und den Erdnüssen servieren.

HARIRA – MAROKKANISCHER KICHERERBSENEINTOPF 🌿🌿

mit grünen Linsen und Zimt

Am Futterkutter begegnen wir Menschen aus den unterschiedlichsten Ländern. So auch einem jungen Mann mit marokkanischen Wurzeln, der Georg von einer Harira erzählte, die ihm sein Vater kochte. Er meinte, sie würde doch gut in unsere Menükarte passen. Recht hat er!

200 g Kichererbsen, getrocknet
200 g grüne Linsen
3 Stangen Sellerie
2 Karotten
1 Dose Tomaten in Stücken, 400 g
2 Zwiebeln
6 Knoblauchzehen
45 g Ingwer
1 l Gemüsebrühe
6 EL Olivenöl
3 EL Tomatenmark
15 g glatte Petersilie, frisch
15 g Koriander, frisch
2 TL Kreuzkümmel, gemahlen
½ TL Zimt, gemahlen
½ TL Kurkuma, gemahlen
½ TL Pfeffer, frisch gemahlen
Salz

50 g Walnüsse
1 Zitrone, unbehandelt
15 g glatte Petersilie, frisch
15 g Koriander, frisch

Variante 1: Die Kichererbsen über Nacht in Wasser einweichen, am nächsten Tag 30 bis 45 Minuten köcheln und abtropfen lassen.
Variante 2: Die Kichererbsen mit einem Teelöffel Natron und doppelt so viel Wasser wie Kichererbsen rund 60 Minuten lang köcheln und dann abtropfen lassen.

Die Zwiebeln, Karotten, den Ingwer und Knoblauch schälen und fein hacken. Den Sellerie waschen und in kleine Stücke schneiden. Die grünen Linsen so lange kalt abwaschen, bis das Wasser klar ist. Den Kreuzkümmel kurz anrösten, auf einen Teller geben und beiseitestellen. Zitronenschale abreiben, den Saft auspressen. Die Petersilie und den Koriander waschen, trocken schütteln und grob hacken.

Vier Esslöffel Öl in einem großen Topf erhitzen und darin die Zwiebeln, den Sellerie und die Karotten rund zehn Minuten unter gelegentlichem Rühren anschwitzen lassen. Den Knoblauch ein paar Sekunden lang mitdünsten, bis er zu duften beginnt. Den Ingwer, Zimt und die Kurkuma mit dem schwarzen Pfeffer, dem gerösteten Kreuzkümmel und einer großzügigen Prise Salz in den Topf geben und gut verrühren. Zuerst die Tomaten mit dem Tomatenmark, dann die Kichererbsen mit den Linsen und den Kräutern hinzufügen. Die Brühe angießen, gut umrühren und aufkochen lassen. Alles zugedeckt bei schwacher Hitze rund 30 Minuten köcheln, bis die Linsen gar sind.

In der Zwischenzeit eine kleine Pfanne erhitzen und die Walnüsse darin anrösten. Kurz abkühlen lassen, mit den Kräutern, der Hälfte des Zitronensafts und der Zitronenschale in einen Mixer geben und grob hacken.

Den Kichererbseneintopf mit Zitronensaft, Salz und Pfeffer abschmecken, in tiefen Tellern anrichten und mit der Walnuss-Kräuter-Mischung garnieren.

JORDANIEN

ISRAEL

SYRIEN

TÜRKEI

IRAN

LIBANON

SPINAT-KICHERERBSEN-SALAT 🌿

mit Roter Bete und cremigem Hummusdressing

Rote Bete mochte Martin nie. Bis dieses Gericht seinen Weg kreuzte und vor der Kuttertür stand. Jetzt gehört die rote Knolle zu seinen Leibspeisen, vor allem in dieser Kombination mit Spinat und Tahin. Salate können so einfach sein und deine Welt trotzdem auf den Kopf stellen.

Salat

1 Dose Kichererbsen, 400 g
300 g Rote Bete,
  gekocht und vakuumiert
250 g Babyspinat
30 g glatte Petersilie, frisch

Dressing

5 EL Kichererbsen
5 EL Olivenöl
1 Zitrone
2 EL Sesampaste (Tahin)
1 Knoblauchzehe
1 TL Kreuzkümmel, gemahlen
Pfeffer, frisch gemahlen
Salz

80 g Schafkäse

Die Kichererbsen waschen, abtropfen lassen und beiseitestellen. Die Rote-Bete-Knollen aus der Verpackung nehmen, den Saft dabei auffangen, und in kleine Stücke schneiden. Den Babyspinat waschen und trocken schütteln. Die Blätter der Petersilie von den Stielen befreien und grob hacken. Den Knoblauch schälen und vierteln. Den Schafkäse mit den Händen gut zerbröseln. Die Zitrone auspressen.

Für das Dressing fünf Esslöffel Kichererbsen mit dem Olivenöl, Tahin, Knoblauch, Kreuzkümmel und dem Saft der Zitrone in einen Mixer füllen und sehr gut mixen. Sollte das Dressing zu dickflüssig sein, etwas zusätzliches Olivenöl einrühren. Mit Salz und Pfeffer abschmecken.

Für den Salat in einer großen Schüssel die Kichererbsen mit den Rote-Bete-Würfeln, dem Babyspinat und der Petersilie vermengen. Dass der Spinat dabei etwas zusammenfällt, ist vollkommen okay. Den Rote-Bete-Saft dazugeben.

Den Salat in Schüsseln aufteilen, das Dressing darüberträufeln und mit Schafkäsestückchen garnieren.

TOMS SHAKSHUKA *

mit Ei und Fladenbrot

Unsere treue Seele Tom ist schon fast seit Stunde null Teil der Kuttercrew. Aufgrund seiner vielen Reisen nach Israel ist er unser Mann für die israelische Küche. Hier steuert er seine Interpretation eines echten Klassikers bei.

800 g Tomaten, sehr reif
4 Eier
2 Knoblauchzehen
1 TL Kreuzkümmel, gemahlen
2 EL Olivenöl
1 TL Salz
(etwas Chili aus der Mühle oder
½ frische Chilischote, gehackt)

15 g Petersilie, frisch
125 g Schafkäse
1 EL Olivenöl
Pfeffer, frisch gemahlen

1 Fladenbrot

Die Tomaten waschen, Stielansatz entfernen und grob würfeln. Den Schafkäse mit den Händen zerkleinern. Die Blätter der Petersilie vom Stängel zupfen und fein hacken.

Das Olivenöl in einer Pfanne nicht zu heiß werden lassen und den Knoblauch im Ganzen hinzufügen. Wenn die Knoblauch-Öl-Kombination intensiv zu duften beginnt, die grob gewürfelten Tomaten unterrühren. Mit dem Kreuzkümmel und Salz würzen und zum Kochen bringen. Wer's scharf mag, gibt noch etwas Chili hinzu. Den Ansatz rund zehn bis 15 Minuten köcheln lassen, bis die Tomaten gerade noch Struktur haben und noch nicht zu einem Tomatenpüree eingekocht sind.

Den Knoblauch entfernen und vier Mulden in die Tomatensauce drücken. Die Eier am Pfannenrand aufschlagen und so vorsichtig in die Mulden gleiten lassen, dass die Eigelbe ganz bleiben. Die Pfanne mit einem Deckel verschließen und das Shakshuka je nach Größe der Eier sieben bis zehn Minuten fertigkochen. Die Eier sollten noch glänzen, die Eigelbe noch weich sein.

Das Shakshuka mit den Schafkäsestückchen und der Petersilie bestreuen und mit etwas schwarzem Pfeffer und ein paar Spritzern Olivenöl garnieren. Wir essen Shakshuka am liebsten mit einem Stück Fladenbrot und löffeln es direkt aus der Pfanne.

ORIENTALISCHER EINTOPF ⌀

mit Puylinsen und Datteln

Zugegeben, „das Auge isst mit" trifft auf dieses Gericht eher weniger zu. Umso mehr aber regt es unseren Geschmackssinn an: Süße Datteln treffen auf frische Minze und herbe Petersilie, Harissa sorgt für ordentlich Schärfe, und mit dem Zitronenjoghurt gibt's eine spritzige Note obendrauf.

275 g Puylinsen oder
   grüne Linsen
50 g Datteln, entsteint
1 Bund Suppengrün
2 Zwiebeln
1 l Gemüsebrühe
2 EL Sonnenblumenöl
2 Lorbeerblätter
1 Zimtstange
2 EL Harissapaste oder
   Harissapulver
Pfeffer, frisch gemahlen
Salz

15 g Minze, frisch
15 g Petersilie, frisch
1 Knoblauchzehe
1 Zitrone, unbehandelt
150 g griechisches Joghurt

In einem Sieb die Linsen so lange unter kaltem Wasser abspülen, bis das Wasser klar bleibt. Das Suppengrün und die Zwiebeln schälen oder putzen und in zirka einen Zentimeter große Stücke würfeln. Die Datteln halbieren und in feine Streifen schneiden, Knoblauch sehr fein hacken. Die Minze und Petersilie von den Stielen befreien, die Blätter fein hacken und vermischen. Einen Teelöffel der Zitronenschale abreiben und die Zitrone auspressen.

Das Öl in einem Topf erhitzen und das Suppengrün mit den Zwiebeln bei mittlerer Hitze unter häufigem Rühren drei bis vierMinuten andünsten. Die Linsen zugeben und für ein bis zwei weitere Minuten mitdünsten. Die Gemüsebrühe angießen, bis das Gemüse gerade bedeckt ist. Die Datteln untermengen und aufkochen lassen. Die Hitze reduzieren, die Zimtstange mit den Lorbeerblättern hinzufügen und ohne Deckel rund 40 Minuten lang köcheln lassen. Dabei gelegentlich umrühren und ein wenig Wasser hinzufügen, wenn das Gemüse nicht mehr bedeckt ist. Am Ende der Garzeit die Lorbeerblätter und die Zimtstange entfernen, das Harissa einarbeiten und mit Salz und Pfeffer würzen. Ein Drittel der Suppe in ein hohes Gefäß füllen, mit einem Stabmixer grob pürieren und zurück in den Topf geben.

Das griechische Joghurt mit dem Knoblauch und der geriebenen Zitronenschale vermengen. Mit ein bis zwei Esslöffel Zitronensaft glattrühren und mit etwas Salz abschmecken.

Die Minze-Petersilien-Mischung über die orientalische Suppe streuen und mit einem Klecks Zitronen-Knoblauch-Joghurt servieren.

KISIR – TÜRKISCHER BULGURSALAT ✿✿

mit Gurke und Petersilie

Das türkische Pendant zum marokkanischen Taboulé führt den klassischen Bulgur-salat noch einen Schritt weiter. Mit einer Paste aus Paprikamark, Tomatenmark und Kräutern wird daraus ein absolut köstlicher Vorspeisenklassiker.

250 g feiner Bulgur (Köftelik)
½ Gurke
1 Zwiebel
2 Frühlingszwiebeln
250 ml Wasser
2 EL Sonnenblumenöl
5 EL Olivenöl
15 g glatte Petersilie, frisch
15 g Minze, frisch
2 EL Tomatenmark
2 EL Paprikamark
1 EL Paprikapulver, edelsüß
½ TL Kreuzkümmel, gemahlen
1 TL scharfe Paprikaflocken
    (Acı Pul Biber)
2 EL türkischer Granatapfelsirup
    (Nar Ekşisi)
1 Zitrone
Pfeffer, frisch gemahlen
Salz

15 g glatte Petersilie, frisch
Olivenöl

Die Zwiebel schälen und fein würfeln. Die Gurke schälen, ent-kernen und in kleine Stücke schneiden. Die Frühlingszwiebeln von der äußeren Haut befreien, der Länge nach halbieren und in dünne Scheiben schneiden. Die Blätter der Petersilie und der Minze von den Stielen befreien und fein hacken. Die Petersilie für die Garnierung separat kühl stellen. Die Zitrone auspressen.

Den Bulgur in eine hitzebeständige Schüssel füllen. Das Wasser in einem Topf zum Kochen bringen und dann über den Bulgur gießen. Rund 15 Minuten quellen lassen.

Das Öl in einer Pfanne erhitzen und die Zwiebeln darin glasig andünsten. Die Gewürze mit dem Tomaten- und Paprikamark hinzuge-ben und für drei Minuten mitdünsten. Vom Herd nehmen, abkühlen lassen und die Zwiebelmischung mit dem Bulgur vermengen. Die Kräuter gemeinsam mit der Gurke, den Frühlingszwiebeln und dem Granatapfelsirup unterrühren. Mit Zitronensaft, Olivenöl, Salz und Pfeffer abschmecken.

Auf einem Teller anrichten, mit der Petersilie garnieren und mit einigen Spritzern Olivenöl beträufeln.

PERSISCHER WASSERMELONENSALAT ⌀

mit Gurke und Minze

Auf unserer Suche nach Sommerrezepten werden wir immer wieder von der levantinischen und persischen Küche angezogen. Auch diesen frisch-würzigen Salat haben wir dort entdeckt. Die Mengenangaben sind für vier Personen als Vorspeise gedacht. Manch einer soll den Salat aber schon alleine aufgegessen haben.

500g Wassermelone
300 g Gurke
250 g Schafkäse
2–3 Frühlingszwiebeln
1 EL Weißweinessig
1 EL Olivenöl
15 g Minze, frisch
Pfeffer, frisch gemahlen
Salz

15 g Minze, frisch

Die Wassermelone von der Schale befreien und in mundgerechte Stücke schneiden. Wenn nötig, die Kerne entfernen. Die Gurke waschen, halbieren und in einen halben Zentimeter dünne Halbmonde schneiden. Den Schafkäse würfeln. Die Frühlingszwiebeln von der äußeren Haut befreien und in dünne Scheiben schneiden. Die Blätter der Minze abzupfen und in feine Streifen schneiden.

Eine weite Schüssel oder einen großen Servierteller bereitstellen. Darauf den Käse und die Wassermelone mit der Gurke, den Frühlingszwiebeln und der Hälfte der Minze behutsam vermengen.

Den Essig, das Öl, Salz und Pfeffer verrühren und das Dressing anschließend über den Salat träufeln. Mit Salz und Pfeffer abschmecken und mit der restlichen Minze garnieren.

LIBANESISCHER FATTOUSH-SALAT ∅

mit geröstetem Fladenbrot und Sumach

Ab und zu heuern wir Kutterkapitäne auch Matrosen an, um sie in das ein oder andere Küchengeheimnis einzuweihen. Bei unserem ersten Kochkurs stand dieses Gericht auf dem Menüplan und überraschte die Besatzung mit der getrockneten Frucht des Essigbaums, besser bekannt als das orientalische Gewürz Sumach.

Salat

1 Römersalat
1 Gurke
10 Kirschtomaten
10 Radieschen
1 rote Zwiebel
3 EL Olivenöl
15 g Petersilie, frisch
15 g Minze, frisch
1 TL Minze, getrocknet
1 EL Sumach
Pfeffer, frisch gemahlen
Salz
½ kleines Fladenbrot

Dressing

½ Zitrone
1 TL Blütenhonig, flüssig
1 EL Sumach
1 Knoblauchzehe
1 TL Ras el-Hanout
4 EL Olivenöl
Pfeffer, frisch gemahlen
Salz

Den Backofen auf 140 Grad vorheizen. Das Fladenbrot in kleine Stücke zupfen. Die Zwiebel schälen und in dünne Ringe schneiden. Die Gurke schälen, längs vierteln, Kerne entfernen und in kleine Stücke schneiden. Die Radieschen putzen, waschen und klein schneiden. Die Tomaten waschen, trocken reiben und halbieren. Den Salat waschen, in einem Sieb gut abtropfen lassen und in grobe Stücke reißen. Die Petersilie und die Minze waschen, trocken schütteln und die Blätter abzupfen. Knoblauch schälen und in kleine Stücke hacken. Die Zitrone auspressen.

Die Fladenbrotstücke auf ein Backblech legen, mit drei Esslöffel Öl beträufeln und eine gute Viertelstunde backen, bis sie schön kross sind. Aus dem Backofen nehmen und abkühlen lassen.

Für das Dressing zwei Esslöffel Zitronensaft mit dem Honig, dem Sumach, Knoblauch und Ras el-Hanout verrühren. Dann vier Esslöffel Öl tröpfchenweise einrühren. Mit Salz und Pfeffer würzen.

Die Zwiebelringe mit den Gurkenstückchen, Radieschen, Tomaten, dem Salat, den gesamten Kräutern und dem Dressing vermengen. Zehn Minuten durchziehen lassen. Mit Salz und Pfeffer abschmecken.

Das Fladenbrot unter den Salat mengen, mit dem restlichen Sumach bestreuen und servieren.

ISRAELISCHE JOGHURTSUPPE ✐

mit Rosinen und Walnüssen

30 Menschen essen zusammen im Freien an einem großen Tisch – so das Projekt „Lange Tafel", zu dem wir einst diese erfrischende Vorspeise beisteuern durften. Wir wurden an jenem Abend vom härtesten Gewitter, das man sich nur vorstellen kann, heimgesucht. Geschmeckt hat die Suppe trotzdem.

500 g griechisches Joghurt
150 g Gurke
120 g Rosinen
40 g Walnüsse
500 ml kaltes Wasser
½ Zitrone
15 g Minze, frisch
15 g Schnittlauch, frisch
15 g Dill, frisch
½ TL Sumach
Pfeffer, frisch gemahlen
Salz

Sumach

Die Walnüsse in einer Pfanne so lange trocken anrösten, bis sich das Aroma entfaltet. Die Gurke entkernen und klein würfeln. Die Rosinen, Kräuter und Walnüsse fein hacken. Die Zitrone auspressen.

Das Joghurt mit dem kalten Wasser in eine große Schüssel geben und mit einem Schneebesen verrühren, bis eine homogene Flüssigkeit entsteht. Die zerkleinerten Zutaten und den Sumach einrühren. Mit Salz und Pfeffer würzen und für eine gute Stunde in den Kühlschrank stellen, damit die Aromen ins Joghurt einziehen.

Wenn die Suppe gut durchgekühlt ist, aus dem Kühlschrank nehmen, kräftig aufrühren und nochmals mit Salz, Pfeffer und etwas Zitronensaft nachwürzen. Je nach Geschmack kann man der Suppe mit weiteren Rosinen eine eher süßliche Note geben, etwas zusätzlicher Sumach und ein Extraspritzer Zitronensaft machen sie herber.

Kalt mit einer Prise Sumach servieren.

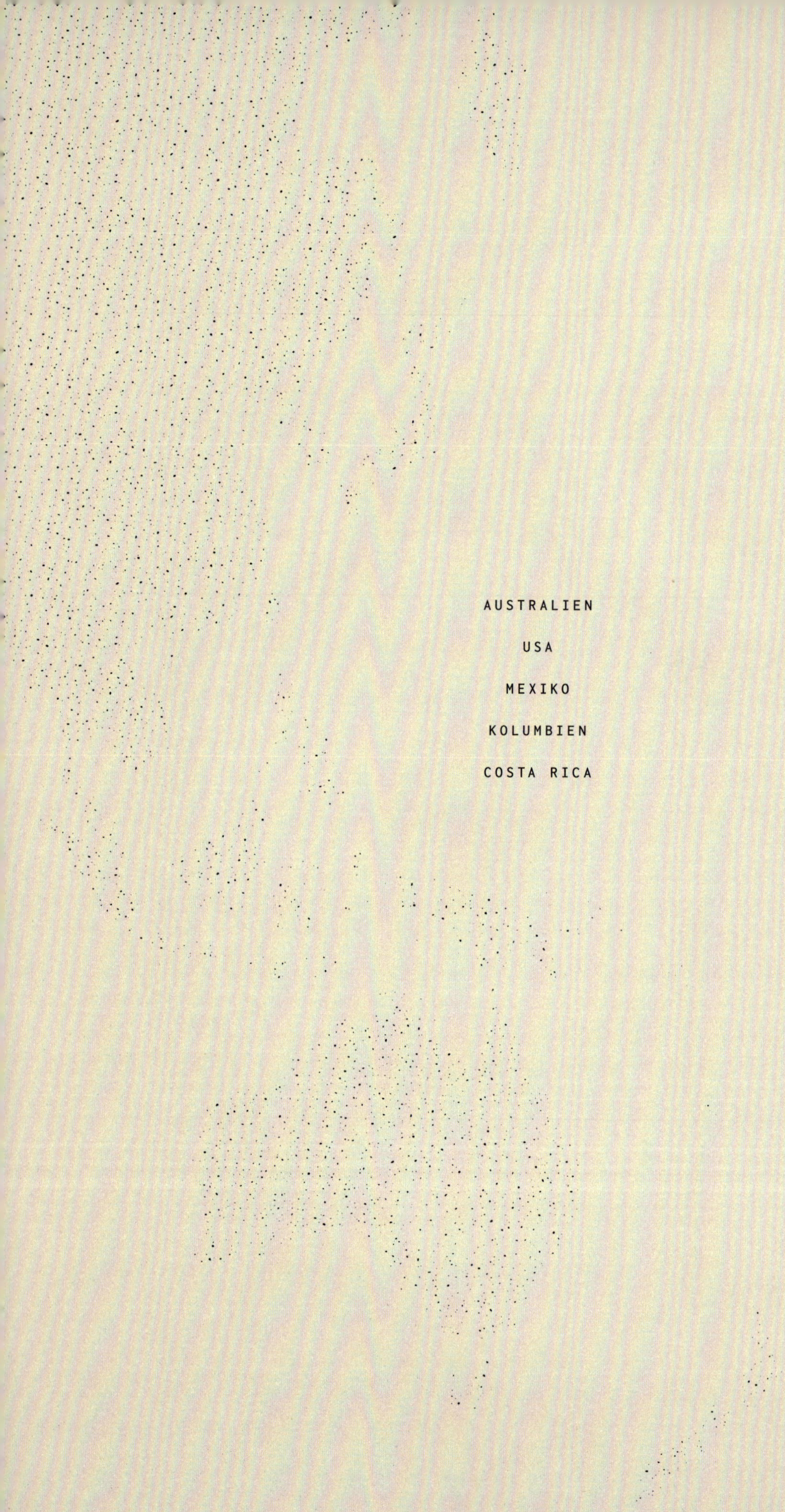

AUSTRALIEN

USA

MEXIKO

KOLUMBIEN

COSTA RICA

AMERIKA / AUSTRALIEN

GRÜNER HÜHNERSALAT

mit scharfen Marillen und Macadamianüssen

Manche Rezepte entstehen aus einem Zufall oder aus einer Laune heraus. Auch dieser Vorspeisensalat hat sich aus einer vagen Idee entwickelt, die wir irgendwo aufgeschnappt haben. Martin konnte sie bislang zwar noch nicht für den Futterkutter übersetzen, ins Kochbuch darf sie aber trotzdem schon mit rein.

2 Hühnerbrüste
200 g grüner Spargel
150 g Babyspinat
80 g Macadamianüsse, ungesalzen
60 g Sauerrahm
4 Marillen
1 TL Butterschmalz
2 TL Butter
2 EL Macadamianussöl
2 EL bestes Olivenöl
1 EL alter und sämiger
  Aceto Balsamico
1 Knoblauchzehe
15 g Thymian, frisch
1 Zitrone, unbehandelt
1 TL Cayennepfeffer
Pfeffer, frisch gemahlen
Salz

Den Backofen auf 140 Grad vorheizen. Die Hühnerbrüste waschen und trocken tupfen. Holzige Enden des Spargels entfernen und in einen Zentimeter breite, schräge Stücke schneiden. Den Baby-spinat waschen, trocken schleudern und in Streifen schneiden. Schale der Zitrone abreiben und den Saft auspressen. Die Marillen waschen, längs aufschneiden, entkernen und vierteln.

Die Hühnerbrüste salzen, pfeffern und im Butterschmalz anbraten. Im Backofen rund 15 Minuten fertig garen lassen. Anschließend einen Teelöffel Butter zusammen mit dem Thymian und Knoblauch erhitzen und das Fleisch darin schwenken. Die Hühnerbrüste auf Küchenpapier abtropfen lassen, in Streifen schneiden und mit dem Macadamianussöl marinieren.

Den Spargel in kochendem Salzwasser fünf Minuten lang bissfest kochen, abgießen und kalt abspülen. Mit dem Spinat vermengen und mit dem Essig, Olivenöl und einer Prise Salz marinieren.

Die Macadamianüsse im Backofen rund zehn Minuten rösten und anschließend salzen. Den Sauerrahm mit der abgeriebenen Schale und dem Saft der Zitrone sowie etwas Pfeffer glattrühren. Einen Teelöffel Butter in einer Pfanne schmelzen und die geviertelten Marillen darin mit dem Cayennepfeffer kurz anbraten.

Die Hühnerbruststreifen mit den Marillen und dem Spargel-Spinat-Salat vermengen und mit Salz und Pfeffer abschmecken. Mit dem Sauerrahmdip und den gerösteten Nüssen servieren.

AMERICAN-COFFEE-CHILI
mit Schwarzbier und Kakao

Man nehme Zutaten, die gerne in Mittelamerika verwendet werden, und vereine sie mit etwas, das typisch für unsere Küche ist. Et voilà: unser Coffee-Chili. Kakao und Kaffee gepaart mit Schwarzbier – bitter, herb, süß, salzig, scharf und zum Reinlegen.

350 g Rinderhackfleisch
350 g Rindfleisch
  (Hals, Wade oder Oberschale)
400 g Kidneybohnen, getrocknet
2 Dosen Tomaten in Stücken,
  2 x 400 g
2 Zwiebeln
2 große Knoblauchzehen
30 g Espressobohnen, gemahlen
120 g Tomatenmark
200 ml Schwarzbier
150 ml Rinderbrühe
150 ml Espresso
3 EL Sonnenblumenöl
1 Thai-Chilischote, frisch
  auch gern mehr (Bird Eye)
2 EL brauner Zucker
1 EL Kakaopulver, ungesüßt
1 TL Oregano, getrocknet
1,5 EL Kreuzkümmel, gemahlen
½ TL Paprikapulver
1 Prise Zimt, gemahlen
½ TL Koriander, gemahlen
Pfeffer, frisch gemahlen
Salz

15 g Koriander, frisch
125g Crème Fraîche

Baguette, ofenfrisch

Die Kidneybohnen über Nacht in Wasser einweichen.

Die Bohnen am nächsten Tag in einem Sieb abtropfen lassen. Das Rindfleisch waschen und in mundgerechte Stücke schneiden. Die Zwiebeln und den Knoblauch schälen und würfeln. Die Chilischote vom Stielansatz befreien und fein hacken. Den Koriander waschen, trocken schütteln, von den Stielen befreien, grob hacken und kalt stellen.

Das Öl in einem großen Topf erhitzen. Die Zwiebeln, den Knoblauch, die Fleischwürfel und das Hackfleisch darin zehn Minuten lang schön anbräunen. Das Tomatenmark und den braunen Zucker hinzufügen und gut umrühren, damit nichts anbrennt. Mit der Rinderbrühe und dem Schwarzbier ablöschen. Anschließend alle restlichen Zutaten und Gewürze, bis auf die Bohnen, dazugeben. Achtung: Die gehackte Chilischote behutsam verwenden und lieber später noch einmal nachwürzen. Bei kleiner Hitze und leicht geöffnetem Deckel etwa eineinhalb Stunden garen lassen. Dabei gelegentlich umrühren. Wird das Chili zu dickflüssig, etwas Brühe und Bier nachgießen.

Die Bohnen hinzufügen und für weitere 30 Minuten köcheln lassen, bis sie bissfest sind. Am Ende der Garzeit mit Salz, Pfeffer und der restlichen gehackten Chilischote abschmecken.

Das Coffee-Chili mit einem großzügigen Klecks Crème Fraîche und dem Koriander garnieren. Mit einem Baguette servieren.

FUTTERKUTTERS SOMMERSALAT

mit Mangodressing und frischen Marillen

Es passiert zuerst im Kopf, dann auf dem Zettel und einige Zeit später in der Küche. So war es auch bei unserem Sommersalat. Der mexikanische Touch ist Zufall, das Mangodressing mit Koriander und Marillen einfach nur unwiderstehlich.

Salat

500 g Hühnerbrust
350 g gemischter Blattsalat
  (Pflücksalat)
300 g Kirschtomaten
150 g Marillen
2 Orangen
2 EL Blütenhonig, flüssig
2 EL Maiskeimöl
2 rote Zwiebeln
1 Frühlingszwiebel
2 Jalapeños, frisch

Dressing

1 Mango
2 Knoblauchzehen
1 EL Blütenhonig, flüssig
1 TL Dijonsenf
1 Limette
2 EL Olivenöl
Cayennepfeffer
Pfeffer, frisch gemahlen
Salz

15 g Koriander, frisch
2 TL rosa Pfefferkörner

Das Fleisch waschen und trocken tupfen. Die Orangen halbieren und auspressen. Die roten Zwiebeln schälen, halbieren und in feine Streifen schneiden, die Frühlingszwiebel von der äußeren Haut befreien und in sehr dünne Scheiben schneiden. Die Tomaten waschen und halbieren. Die Marillen waschen, entsteinen und in Spalten schneiden.

Den Salat waschen, gut abtropfen lassen und in grobe Stücke reißen. Die Jalapeños waschen und in feine Ringe schneiden. Die Mango schälen, sämtliches Fruchtfleisch bis zum Kern auslösen und grob würfeln. Den Knoblauch schälen und grob hacken. Die Limette halbieren und auspressen. Den Koriander waschen, trocken schütteln und grob hacken.

Das Maiskeimöl in einer Pfanne erhitzen und das Fleisch darin von beiden Seiten anbraten, bis es durch, aber noch saftig ist. Mit Salz und Pfeffer würzen, mit Honig beträufeln und Orangensaft ablöschen. Kurz aufkochen, dann das Fleisch aus der Pfanne nehmen und abkühlen lassen. Den Bratensud aufbewahren.

Für das Dressing die Mango, den Honig, Knoblauch, Senf und Limettensaft in einen hohen Rührbecher geben und mit einem Stabmixer fein pürieren. Den Bratensud und das Olivenöl unterrühren. Das Dressing anschließend mit Salz, Pfeffer und einer Prise Cayennepfeffer abschmecken.

Den Salat, sämtliche Zwiebeln, die Tomaten, Marillen und die Hälfte der Jalapeños behutsam mit der Hälfte des Dressings vermengen. Auf einer großen Platte oder einer weiten Schüssel anrichten, das Fleisch in Stücke zupfen und darauf verteilen. Das restliche Dressing darüberträufeln und mit den Jalapeños, dem Koriander und den rosa Pfefferkörnern bestreut servieren.

AJIACO – KOLUMBIANISCHER HÜHNEREINTOPF

mit Maiskolben und Kapern

In Kolumbien waren wir noch nicht. Wie es dort schmecken kann, ahnen wir nach intensiver Recherche trotzdem. Wir sind vielen phänomenalen Gerichten begegnet, haben nachgelesen und ausprobiert, um dann am Ende wie schon so oft unser eigenes Futterkutter-Ding draus zu machen.

500 g Hühnerbrust
500 g Hühnerschenkel und
  Hühnerkeulen
500 g Kartoffeln, sehr mehlig
350 g festkochende Kartoffeln
  mit roter Schale (Laura)
350 g festkochende kleine
  Kartoffeln (Drillinge, la ratte)
2 Maiskolben, vorgekocht
2 Stangen Lauch
1 Avocado, reif
1,7 Liter Wasser
80 g Crème Fraîche
80 ml Sahne
2 Knoblauchzehen
50 g Kapern
15 g Koriander, frisch
3 EL Guasca, getrocknet
  (Knopfkraut/Franzosenkraut)
Pfeffer, frisch gemahlen
Salz

15 g Koriander, frisch

Sämtliche Kartoffeln für das Gericht schälen und getrennt voneinander aufbewahren. Die festkochenden Kartoffeln in Scheiben schneiden. Die mehlige Sorte grob würfeln. Den Lauch putzen, waschen und in Ringe schneiden. Den Knoblauch schälen. Die Blätter vom Koriander zupfen, grob hacken und in zwei Teile trennen. Die Avocado schälen, in dünne Spalten schneiden und kalt stellen. Die Kapern abtropfen lassen.

Die Hühnerschenkel und -keulen mit dem Wasser, Salz, Knoblauch und zwei Esslöffel Guasca aufsetzen, zum Kochen bringen und das aufsteigende Eiweiß abschöpfen. Die Hühnerbrust nach 35 Minuten zusammen mit den festkochenden Kartoffeln zum Suppenhuhn geben. Nach weiteren 15 Minuten die mehligen Kartoffeln, den Lauch, das restliche Guasca und die Maiskolben dazugeben. Wenn die Kartoffeln gar sind, die Sahne mit einem Teil des Korianders einrühren und mit Salz und Pfeffer abschmecken.

Das gesamte Huhn herausnehmen und abkühlen lassen. Das Fleisch zupfen und zurück in die Suppe geben. Die Maiskolben herausnehmen, in fünf Zentimeter breite Stücke schneiden, an beiden Seiten kleine Holzstocher einstechen und beiseitelegen. Die Kapern mit der Crème Fraîche in die Suppe rühren.

Den Eintopf auf tiefe Teller schöpfen, die Avocadospalten und die Maiskolben darauf anrichten und mit dem Koriander garnieren.

SOPA NEGRA – SCHWARZE BOHNENSUPPE ✎

mit Koriander und Ei

Viele unserer Gerichte leuchten in strahlenden Farben. Einige sind eher unscheinbar. Eines davon ist diese schwarze Bohnensuppe aus Costa Rica, die je nach verwendeter Bohnensorte dunkelbraun, grauschwarz oder sogar ganz schwarz wird. Dafür kann die Sopa Negra mit ihrer Mischung aus Majoran und Koriander geschmacklich überzeugen.

500 g schwarze Bohnen,
   getrocknet
2 Karotten
2 Stangensellerie
1 Zwiebel
1,4 l Gemüsebrühe
2 EL Maiskeimöl
50 g Ingwer
2 Knoblauchzehen
15 g Koriander, frisch
15 g Majoran, frisch
2 Thai-Chilischoten, frisch
   (Bird Eye)
1 TL brauner Zucker
Zimt, gemahlen
Pfeffer, frisch gemahlen
Salz

4 Eier
2 EL Maiskeimöl
1 Zwiebel
1 Knoblauchzehe
10 g Koriander, frisch

Die Bohnen über Nacht in ausreichend kaltem Wasser einweichen und am nächsten Tag abtropfen lassen. Die Karotten, den Sellerie, die Zwiebel, den Ingwer und Knoblauch schälen und fein hacken. Die Chilischoten der Länge nach aufschneiden, mit dem Messerrücken die Kerne herausschaben und fein hacken. Den Koriander grob hacken. Die Blätter des Majorans von den Stielen zupfen und ebenfalls grob hacken. Für die Garnierung den Knoblauch und die Zwiebel schälen und fein würfeln. Die Blätter des Korianders zupfen, grob hacken und beiseitestellen.

Das Öl in einem Topf erhitzen und darin die Zwiebeln, den Knoblauch und Ingwer glasig werden lassen. Die Karotten, den Sellerie und braunen Zucker dazugeben, die Temperatur erhöhen und alles rund zwei Minuten kräftig anbraten. Dabei gut umrühren, damit nichts anbrennt. Die Temperatur reduzieren, die abgetropften Bohnen einrühren und mit der Gemüsebrühe bis zur Oberkante der Bohnen auffüllen. Die klein gehackten Chilischoten und etwas Salz hinzufügen und rund eineinhalb Stunden bei geschlossenem Deckel leicht köcheln lassen, bis die Bohnen weich sind. Gelegentlich umrühren und etwas Brühe nachfüllen.

Für die Garnierung in der Zwischenzeit die Eier hart kochen. Kalt abspülen, schälen und längs halbieren. Das Öl in einer Pfanne erhitzen und den Knoblauch mit der Zwiebel darin goldbraun braten. Achtung, nicht zu dunkel werden lassen, sonst wird der Knoblauch bitter.

Zehn Minuten vor Ende der Garzeit den Majoran und Koriander zur Suppe geben, die Temperatur reduzieren und weitere zehn Minuten ziehen lassen. Die Suppe fein pürieren. Ist sie zu dickflüssig, mit etwas Gemüsebrühe verdünnen. Mit Salz, Pfeffer und einer Prise Zimt abschmecken.

Die schwarze Bohnensuppe auf Schüsseln verteilen, die Eihälften mit der Zwiebel-Knoblauch-Mischung darauf anrichten und mit dem Koriander garnieren.

PEKANNUSSEIS ⌀

mit Ahornsirup und Rosmarin

Mit dem Plan, seiner Familie zu Weihnachten ein besonderes Weltreisemenü auf den Teller zu zaubern, hat Georg dieses Eis kreiert. Die etwas ungewöhnliche Kombination mit Rosmarin sorgte durchaus für skeptische Blicke, konnte in der Verkostung dann aber zum Glück überzeugen!

Eismaschine

100 g Pekannüsse
5 Eigelbe
80 g Zucker
300 ml Schlagsahne
250 ml Milch
30 ml Ahornsirup
20 g Rosmarin, frisch
Salz

50 g Pekannüsse
Salzflocken

Eismaschine herrichten. Einsatz, falls nötig, über Nacht im Tiefkühler vorfrieren.

Die Sahne, Milch und den Rosmarin in einen Topf geben und erhitzen. So lange köcheln, bis die Milch-Sahne-Mischung nach Rosmarin schmeckt. Abkühlen lassen.

Pekannüsse in einer Pfanne ohne Öl anrösten. Anschließend klein hacken oder mit der Küchenmaschine zerkleinern.

Die Eigelbe mit dem Zucker und Ahornsirup nicht zu schaumig aufschlagen. Die vorbereitete Sahne-Milch-Mischung mit der Eigelb-Zucker-Ahornsirup-Mischung und einer Prise Salz vermengen. Je nach Geschmack mit etwas Ahornsirup nachwürzen. Die rohe Eismasse darf ruhig ein wenig zu süß sein, weil sich die Extrasüße durch die Kälte später wieder verliert.

In die Eismaschine geben und so lange rühren lassen, bis eine Fasteiskonsistenz erreicht ist. Erst dann 100 Gramm der gerösteten Pekannüsse zugeben. Mengt man sie zu früh unter, sinken sie auf den Boden der Masse.

Das fertige Eis mit den restlichen Pekannüssen und ein paar Salzflocken garnieren.

BROT / SUPPENBASIS

BAGUETTE 🌿🌿

à la Futterkutter

Die goldene Regel für unser Baguette: 3 mal 20. Das heißt: 20 Minuten stehen lassen, 20 Minuten kneten, 20 Minuten gehen lassen. Wer keine Küchenmaschine zu Hause hat, muss beim Kneten die Muskeln spielen lassen und so lange wie möglich mit dem Handmixer durchhalten.

für 4 Baguette

1250 g Mehl
930 ml warmes Wasser
30 g Salz
35 g Trockenhefe
25 g Zucker

Die Trockenhefe, den Zucker und das warme Wasser in einer Schüssel vermengen, mit einem Schneebesen glattrühren und für zirka 20 Minuten stehen lassen. Sobald sich eine Schaumhaube gebildet hat, das Mehl und Salz hinzufügen und in einer Küchenmaschine oder mit dem Knethacken des Handmixers gründlich verkneten. Achtung: Den Teig langsam bearbeiten, er mag keine zu starken und schnellen Bewegungen.

Wenn der Teig anfängt warm zu werden (bei uns ist das nach rund 20 Minuten der Fall), den Knetvorgang abbrechen und die Masse mit einem feuchten Tuch bedeckt an einem warmen Ort rund 20 Minuten gehen lassen. In der Zwischenzeit den Backofen auf 235 Grad Umluft vorheizen und ein mit Wasser gefülltes ofenfestes Gefäß hineinstellen.

Nach Ende der Gehzeit den Teig aus der Schüssel nehmen und behutsam mit einem Messer in vier gleich große Stücke teilen. Mit einer feuchten Hand vorsichtig in Baguetteform rollen und mit etwas Mehl bestäuben. Das Brot auf ein mit Backpapier ausgelegtes Backblech legen und für 25 Minuten goldbraun backen.

RINDERBRÜHE

ergibt 2 Liter

400 g Beinscheibe vom Rind
3 Stück Markknochen
300 g Suppenfleisch vom Rind
4 Karotten
½ Knollensellerie
2 Zwiebeln
1 Lauchstange
½ Petersilienwurzel
100 g Champignons
1 Tomate
2,5 l Wasser
2 Lorbeerblätter
2 Wacholderbeeren
20 g Petersilie, frisch
½ TL Pfeffer, ganz
1 TL Salz

Das Rindfleisch mit kaltem Wasser waschen. Sämtliches Gemüse außer den Zwiebeln waschen, putzen, schälen und ganz grob zerkleinern. Die Zwiebeln halbieren.

In einem Topf die Beinscheibe und die Markknochen von allen Seiten scharf anbraten. In einer beschichteten Pfanne die Schnittfläche der Zwiebelhälften dunkelbraun rösten. Alle Zutaten in einen großen Topf geben und mit zweieinhalb Liter kaltem Wasser auffüllen. Die Brühe zum Kochen bringen, 90 Minuten leicht köcheln lassen und ggf. Unreinheiten abschöpfen. Anschließend durch ein Sieb passieren.

HÜHNERBRÜHE

ergibt 2 Liter

500–800 g Suppenhuhn
4 Karotten
½ Knollensellerie
2 Zwiebeln
1 Lauchstange
100 g Champignons
1 Tomate
2,5 l Wasser
½ Petersilienwurzel
2 Lorbeerblätter
2 Wacholderbeeren
20 g Petersilie, frisch
½ TL Pfeffer, ganz
1 TL Salz

Das Suppenhuhn mit kaltem Wasser waschen. Sämtliches Gemüse außer den Zwiebeln waschen, putzen, schälen und ganz grob zerkleinern. Die Zwiebeln halbieren.

In einer beschichteten Pfanne die Schnittfläche der Zwiebelhälften dunkelbraun anrösten. Dann alle Zutaten mitsamt dem Suppenhuhn in einen großen Topf geben und mit zweieinhalb Liter kaltem Wasser auffüllen. Die Hühnerbrühe zum Kochen bringen, 90 Minuten leicht köcheln lassen und ggf. Unreinheiten abschöpfen. Anschließend durch ein Sieb passieren.

GEMÜSEBRÜHE 🌿🌿

ergibt 2 Liter

4 Karotten
½ Knollensellerie
2 Zwiebeln
1 Lauchstange
½ Petersilienwurzel
100 g Champignons
1 Tomate
2,2 l Wasser
2 Lorbeerblätter
2 Wacholderbeeren
20 g Petersilie, frisch
½ TL Pfeffer, ganz
1 TL Salz

Sämtliches Gemüse außer den Zwiebeln waschen, putzen, schälen und ganz grob zerkleinern. Die Zwiebeln halbieren.

In einer beschichteten Pfanne die Schnittfläche der Zwiebelhälften dunkelbraun anrösten. Dann alle Zutaten in einen großen Topf geben und mit 2,2 Liter kaltem Wasser auffüllen. Die Gemüsebrühe zum Kochen bringen, 45 Minuten leicht köcheln lassen und ggf. Unreinheiten abschöpfen. Anschließend durch ein Sieb passieren.

DANKSAGUNG

Wir danken unseren Familien, unseren Brüdern, Schwestern, Omas, Opas, Onkeln, Tanten, Neffen und Nichten – besonders aber unseren Müttern. Sie sind der Ursprung unserer kulinarischen Reise und haben uns in unserem Werdegang als Gastronomen und Köche geprägt und stets unterstützt. Von klein auf durften wir ihnen zuschauen, von ihnen lernen und später das ein oder andere Rezept mitgehen lassen. Bei unseren Vätern möchten wir uns an dieser Stelle natürlich ebenfalls bedanken.

Wir danken außerdem unseren Freunden, die uns ausgehalten haben, wenn's um nichts anderes ging als dieses Kochbuch, und die uns bei dem ein oder anderen (alkoholischen) Getränk geholfen haben, Ideen weiterzuspinnen und umzusetzen.

Ohne unserem Kutterteam Tom, Heini, Fredo und allen, die bei Schichten eingesprungen sind, in denen wir am Kochbuch gearbeitet haben, wäre dieses Buch nicht möglich gewesen. Danke dafür!

Danke an Jutta und Michael für das Vertrauen in uns und für den Freiraum, den sie uns gegeben haben. An Barbara, Franz und alle anderen Zahnräder der Target Group, die mit uns an der Umsetzung aller Ideen gearbeitet haben: Danke für die sensationellen Fotos, die Organisation, das Modellscouting, die vielen Blödeleien und das brave Aufessen!

Ein besonderer Dank gilt unseren Frauen Aimée und Pia und unseren Kindern Emil und Carla, die den kompletten Futterkutter-Wahnsinn seit Stunde null mitmachen und uns immer tatkräftig unterstützen. Ohne sie wäre sowohl der Futterkutter als auch dieses Kochbuch nicht das, was es jetzt ist. Danke für die Hilfe, die Schulter zum Anlehnen und: dass ihr uns aushaltet! Ohne euch wären wir heute nicht die, die wir sind!

Zu guter Letzt bedanken wir uns bei unseren Gästen und allen Menschen, denen wir auf unserem Weg begegnet sind, bei denen wir lernen, erfahren, erleben, aber auch Rezepte klauen … Entschuldigung … Rezepte neu interpretieren durften, um sie mit dir zu teilen.

Damit bleibst nur noch du übrig … Danke, dass du dieses Buch gekauft hast. Wir wünschen dir viel Spaß auf deiner ganz persönlichen kulinarischen Reise!

Danke, Danke, Danke

Georg und Martin

Impressum

Futterkutter
Die Welt auf deinem Löffel

1. Auflage 2021

ISBN: 978-3-200-07840-6

Copyright: 2021 by TARGET GROUP Publishing GmbH
Brunecker Straße 3
6020 Innsbruck, Österreich
T: +43 (0)512/58 60 20-2801
F: +43 (0)512/58 60 20-2820
E: office@target-group.at
I: www.target-group.at

Rezepte: Martin Schümberg, Georg Waldmüller, Thomas Eichler und Heinrich Heim
Köche: Martin Schümberg, Georg Waldmüller, Thomas Eichler und Heinrich Heim
Projektkoordination: Jutta Steinlechner
Organisation und Produktion: Barbara Kastner
Fotos: Franz Oss
Satz & Layout: Aimée Wald
Redaktion und Fotoredaktion: Jutta Steinlechner und Barbara Kastner
Lektorat: Verena Zankl
Druck: Alpina Druck, Innsbruck, Österreich

Fotografiert in den Straßen von Innsbruck zwischen dem Futterkutter-Standort am Innsbrucker Franziskanerplatz und der Kutterküche in der Bogenmeile.